KB232917

일본어능력시험 1·2·3급 대비

<문제+어휘+문법>

저자 이윤옥

제이앤씨
Publishing Corporation

　　강의현장에서 <일본어 능력시험>이라는 과목을 담당하면서 가장 불만스러웠던 점은 교재이다. 주지하다시피 일본어능력시험이 실시된 1984년 이래 국내에서도 꾸준히 이에 대비한 문법·수험서 들이 매년 쏟아져 나오고 있지만 어느 것 하나 강의 교재로는 한계가 있었던 게 사실이다. 여기서 한계란 1급에서 4급까지 있는 능력시험 자체의 단계적 급수에 따라 문제집만도 4권이 필요한데다가 더불어 문법이나 어휘집도 필요할뿐더러 청해부분까지 별도로 교재가 필요한 실정이다 보니 능력시험대비용 교재수가 기하 급수적으로 늘어 날 수밖에 없는 상황이다.

이런 상황 하에서 매학기 <일본어능력시험> 과목을 담당하면서 1·2·3급을 아우르는 문제집과 더불어 문법·어휘까지 한권에 담을 수는 없는 가로 고민하다가 그 필요성을 절실히 느껴 이번에 『강의용, 일본어능력시험 1·2·3급 대비』를 엮어 내게 되었다.

　　이 책은 크게 실전문제 파트와 기능어를 포함한 어휘파트로 이뤄졌으며 일본어능력시험이 갈수록 문법적인 부분보다 풍부한 어휘력을 바탕으로한 실제응용력을 묻는 비중이 높아져 가는 추세인 만큼 이 책에 제시한 어휘부분을 충분히 활용할 것을 권하는 바이다.

　　외국어 시험 대비라는 것이 워낙 방대하고 특히 많은 어휘력이 요구되는 일본어 시험에 있어서 이 한권으로 "모두 끝낼 수 있다"라는 말은 성립될 수 없지만, 현장에서 학생들을 가르치는 입장에서 필요한 필수부분을 빠짐없이 제시함으로써 학생들이 목적하는 바를 이루는데 어느 정도 일조 할 수 있다고 본다.

부디 사랑하는 나의 제자들이 최종 목표급수인 1급을 대학 1학년 때 일찌감치 따 놓기를 바라는 마음에서 이 책을 내놓는다.

2007년 1월　저자

목 차

▪ 시험 실시 목적에 대하여

일본 국제교류기금과 국제 교육지원협회의 주최로, 일본어 학습자의 어학실력을 객관적으로 측정해 그 실력을 공인받을 수 있도록 하기위해 실시하는 시험입니다. 일본 국내 및 해외에서 일본어를 모국어로 하지 않는 사람을 대상으로 1984년부터 실시되어 오고 있습니다.

▪ 시험정보에 대하여(2006년도 경우)

시험일	2006년 12월 3일(일요일) 09:00 ※신분증 미지참시 시험응시 절대 불가
수험료	일반성적통지자 : ₩32,000 (1급~4급) 빠른성적통지자 : ₩40,000 (1급~4급) ※ 하단 빠른성적통지 접수시 주의사항 필독
접수기간	2006년 8월 28일(月)~9월 15일(金)
추가접수	2006년 9월 18일(월)~10월 2일(월) (09:30~17:30) ※ 단, 접수취소로 인한 공석이 있을 경우만 접수가 가능합니다. 수험료+추가접수수수료(₩10,000)가 필요합니다.(방문접수만 가능하며, 수험장 선택 및 시험의 취소, 변경은 불가능합니다.)
시험실시지역	서울권 - 서울, 인천, 수원, 안양, 성남, 천안, 청주, 춘천, 강릉, 대전, 전주 부산권 - 부산, 김해, 대구, 구미, 안동, 마산, 진주, 울산, 포항 제주권 - 제주

<table>
<tr><td>

접수방법

</td><td>

1. 온라인 접수 - 접수기간내24시간 운영되며, 마감일 오후 6시에 종료됩니다.

- 시험장이 두 곳 이상인 경우, 수험장 선택이 가능하며, 접수 완료 후 바로 수험표 출력이 가능합니다.
- 기한내의 접수 취소 및 변경을 직접 하실 수 있습니다.

2. 방문접수 - 09:30 ~ 17:30

※ 토요일/일요일/공휴일은 접수를 받지 않습니다.

- 소정의 원서를 기입한 후 수험료, 증명사진 1매와 함께 JLPT서울 실시위원회에 제출하여 주십시오.
- 방문접수 시에는 수험장 선택이 불가능하며, 수험표는 10월 23일 이후 JLPT 홈페이지에서 출력하실 수 있습니다.
- 기한내의 접수 취소 시에는 홈페이지에서 접수취소신청 양식을 다운 받아 작성하여, 등기우편으로 송부하셔야 합니다.

3. 우편접수 - 2006년 9월 15일 소인까지 유효

- 원서교부 받기→원서작성, 사진뒷면에 이름기재→원서, 수험료(우체국소액환), 사진을 동봉하여 등기우편으로 발송.
- 등기우편이 아닌 일반우편의 경우, 우편배달 중 우편물 분실에 대한 책임은 수험자 본인에게 있습니다.
- 우편접수 시에는 수험장 선택이 불가능하며, 수험표는 10월 23일 이후 JLPT 홈페이지에서 출력하실 수 있습니다.
- 기한내의 접수 취소 시에는 홈페이지에서 접수취소신청 양식을 다운 받아 작성하여, 등기우편으로 송부하셔야 합니다.

</td></tr>
<tr><td>

수험장

</td><td>

수험표 기재 - 인터넷 접수 : 즉시 출력 가능
　　　　　　 - 방문/우편접수 : 10월 23일 이후 JLPT 홈페이지에서 출력

</td></tr>
</table>

* 시험일　　　: 매년 12월 첫째주 일요일

* 문의　　　　: 서울 및 수도권 ☎ 02 723 8487

　　　　　　　　부산권 ☎ 051 465 7323

　　　　　　　　제주권 ☎ 064 757 2164~6

　　　　　　　　인터넷 홈페이지 : http://www.jlpt.or.kr

▪ 시험 결과 통지에 대하여

각 급마다 합격 불합격을 판정하여 시험 다음 해인 2월 중순 경 수험자 전원에게 통지서로 결과를 통지하며 합격자에게는 일본어 능력인정서를 교부합니다. 합격 가능예상점수는 예년을 기준으로 볼 때 1급의 경우 400점 만점에 280점 이상, 2·3·4급의 경우에는 240입니다.

▪ 시험 내용 및 구성에 대하여

4개 급으로 나뉘어져 있으며 수험자가 자신에게 맞는 급을 선택해 응시합니다.
각 급은 모두 문자 어휘·청해·독해 문법의 세 분야로 나뉘어져 있습니다.

급	교시	유형	시간	배점	인정기준
1	1교시	문자 어휘	45분	100점	고도의 문법 한자(2,000자 정도), 어휘 (10,000어휘 정도)를 습득하여, 사회생활이 가능한 정도와 대학에서 학습, 연구가 가능한 종합적 일본어 능력(일본어를 900시간 정도 학습한 레벨)
	2교시	청해	45분	100점	
	3교시	독해 문법	90분	200점	
		계	180분	400점	
2	1교시	문자 어휘	35분	100점	약간 고도의 문법, 한자(1,000자 정도), 어휘 (6,000어휘정도)를 습득하여 일반적인 회화가 가능하며 읽고 쓸 수 있는 능력(일본어를 600시간정도 학습하고 중급코스를 마친 레벨)
	2교시	청해	40분	100점	
	3교시	독해 문법	70분	200점	
		계	145분	400점	
3	1교시	문자 어휘	35분	100점	기본적인 문법, 한자(300자 정도), 어휘(1,500어휘정도)를 습득하여, 일상적인 회화가 가능하며 간단한 문장을 읽고 쓸 수 있는 능력 (일본어를 300시간정도 학습하고 초급코스를 마친 레벨)
	2교시	청해	35분	100점	
	3교시	독해 문법	70분	200점	
		계	140분	400점	
4	1교시	문자 어휘	25분	100점	초보적인 문법 한자 (100자정도), 어휘 (800어휘정도)를 습득하여, 일상적인 회화가 가능하며 간단한 문장을 읽고, 쓸 수 있는 능력 (일본어를 150시간정도 학습하고 초급코스를 마친 레벨)
	2교시	청해	25분	100점	
	3교시	독해 문법	50분	200점	
		계	100분	400점	

▪ 각 파트에 대하여

* 1교시 문자·어휘 – 시간 45분　배점 100점

「문자」파트는 문제 1 ~ 문제 4 의 네 가지 유형으로 구성되어 있습니다.

문제 1은 제시 문에서 밑줄 친 한자어를 어떻게 읽는지를 묻는 문제입니다. 탁음여부,
　　　　장음여부, 촉음 유무 등에 특히 주의해야 합니다.

　　例）新聞に新<u>製品</u>の<u>広告</u>を<u>掲載</u>した。
　　　　　　（1）　　（2）　　（3）

　（1）製品　　1 せいしな　　2 ぜいしな　　3 せいひん　　4 ぜいひん（답3）
　（2）広告　　1 ごいこく　　2 こっこく　　3 ひろこく　　4 こうこく（답4）
　（3）掲載　　1 けざい　　　2 けいさい　　3 げいさい　　4 げさい（답2）

문제 2는 제시문의 밑줄 친 한자어와 똑같이 읽는 한자어를 보기에서 고르는 문제입니다.

　　例）この列車は乗客を下ろしたあと車庫に<u>回送</u>される。（답3）

　（1）1 快調　　　2 改造　　　3 階層　　　4 解消

문제 3은 제시문의 밑줄 친 단어를 한자로 어떻게 쓰는지를 묻는 문제입니다. 혼동하기
　　　　쉬운 한자가 보기로 나오는 경우가 많으므로 획 하나하나를 꼼꼼히 살펴보고
　　　　정답을 골라야 합니다.

例）地震にもつなみにもたえる　こうぞうの家を立ててほしい。
　　　　　　　　　(1)　　　　　(2)　　　　(3)

(1)　1 沙波　　　2 砂波　　　3 大波　　　4 津波（답4）
(2)　1 耐える　　2 堪える　　3 絶える　　4 対える（답1）
(3)　1 構造　　　2 購造　　　3 強調　　　4 強造（답1）

문제 4는 한자와 관련된 문제입니다. 제시문의 이중선 부분의 한자와 같은 것을 고르는
유형으로 각 문장의 문맥 파악을 통해 어떤 한자인지 유추해야 합니다.

例）管理者が　じこの責任を問われている。（답3）

(1) 試合の前に銃に弾をこめた。
(2) 葬式でこじんの思い出を語る。
(3) じこ中心的なやつだ。
(4) 家の近くの畑はこえている。

문제 5~7은 어휘 파트입니다.

문제 5는 빈 칸에 들어갈 가장 적당한 어휘를 골라 제시문을 완성하는 문제로, 응시자
의 일본어 어휘력을 종합적으로 평가합니다. 의미나 형태가 유사한 어휘가 보
기로 제시되는 경우가 많으니 정확하게 보고 답을 골라야 합니다.

例）この問題は高校生にさえ難しいのに、まして中学生には______です。（답4）

(1) 1 ちょうど　　2 とりあえず　　3 ひたすら　　4 なおさら

문제 6은 예를 들어 '流れる'에는 '(액체가)흐르다. 흘러내리다. (세월이)흐르다. (소문
　　　　　 등이) 퍼지다. (상황이) 순조롭게 진행되다' 등의 여러가지 뜻이 있습니다.
　　　　　 이처럼 복수의 뜻을 가진 단어를 제시하고, 그 제시어가 제시문과 가장 가까
　　　　　 운 의미로 쓰인 문장을 고르는 문제입니다.

　　　　　 例）<u>満たす</u>…海を見に行ったらとても心が満たされました。（답3）

　　　　　 （1）ラーメンでおなかを満たした。
　　　　　 （2）大きな杯に酒を満たした。
　　　　　 （3）組合は雇用側に対する要求を満たそうとしている。
　　　　　 （4）この庭はコスモスデ満たされている。

문제 7은 제시어가 올바르게 쓰인 문장을 찾는 문제입니다. 올바른 뜻으로 쓰였는지,
　　　　　 문맥에 맞는 표현인지, 연결 형태는 맞는지 등을 종합적으로 파악해서 답을
　　　　　 찾아야 합니다.

　　　　　 例）よほど(답3)

　　　　　 （1）学校の試験が<u>よほど</u>終わってうれしい。
　　　　　 （2）電車が遅れて私は<u>よほど</u>遅刻した。
　　　　　 （3）あの店のラーメンのほうが<u>よほど</u>おいしい。
　　　　　 （4）彼の病状は<u>よほど</u>になってしまった。

　「청해」 파트는 보기 그림이 있는 문제1과 보기그림이 없는 문제2로 구성됩니다. 문제 1과 문제2는 각 15항목 내외로 출제됩니다. 일상생활에서 자주 듣는 구어체의 대화나 안내방송, 일기예보, 연설 등을 듣고 질문의 답을 찾아야 합니다. 따라서 구어체에서 흔히 쓰는 ‘～てる(ている)、～ちゃう(てしまう)、～なきゃ(なければ)’ 등의 축약형, ‘わかんない(わからない)、やってんの(やっているの)’와 같이 음이 변화한 표현, 그리고 경어 표현에도 익숙해져야 합니다.

* **3교시 독해·문법 –** **시간 90분 배점 200점**

　「독해」파트는 문제1 ~ 문제3으로 구성되며, 지문에는 장문과 단문이 있습니다. 장문 지문의 경우 30줄 이상인 경우도 있으므로, 평소에 일본어로 된 장문의 글을 빠른 시간 안에 문맥을 이해하며 읽는 훈련을 해두어야 할 것입니다. 지문으로는 에세이, 논설문, 설명문, 평론 등이 주로 출제되며 그래프를 분석하는 문제도 종종 출제됩니다.
지문을 읽기 전에 문제의 내용을 먼저 대략적으로 훑어보는 것이 좋습니다. 주로 ‘지문의 요지’ ‘필자의 주장’ 이 무엇인지 등 전체적인 것을 묻는 문제와, ‘괄호 속에 들어갈 말’ ‘밑줄 친 부분 의 의미 ‘지시어가 가리키는 말’이 무엇인지 등의 구체적인 것을 묻는 문제가 나옵니다.

문법 파트는 문제 4 ~ 6으로 구성됩니다. 모두 제시문의 빈칸에 들어갈 알맞은 말을 골라 문장을 완성하는 유형으로, 문제4와 문제5는 주로 문법기능어를 묻는 문제가 출제됩니다.

　例)
　1. 父は大学の教授をする________、小説を書いている。(답3)
　　　1 からには　　　2 からすると　　　3 かたわら　　　4 かぎりに

2. 初対面の相手に給料がいくらか聞くなんて失礼、________。(曰2)

   1 きらいがある　　　2 極まりない　　　3 おそれはある　　　4 しかたがない

3. 友達の協力なくして、________。(曰3)

   1 試合に勝てた　　　　　　2試合に勝ちたい

   3 試合には勝てない　　　　4試合に勝てなくてもいい

MEMO NOTE

　여기서 다룬 실전문제는 1급·2급·3급 대비 모두 기능어 중심의 문제만 다루기로 한다. 기능어란 1급·2급의 경우에는 관용적, 기능적으로 외워두어야 하는 부분이 대부분인데 비해 3급문제의 경우는 동사의 접속이라든가 복합어 구성의 한 부분을 묻는 등 기초 문법 개념을 묻는 경우가 많으므로 3급 대비자의 경우는 기초적인 문법사항을 확인 해둘 필요가 있다.

MEMO NOTE

1級 問題

▪ 第1回 ▪

---

1 **次の文の＿＿＿＿にはどんな言葉を入れたらよいか。1・2・3・4から最も適当なものを一つ選びなさい。**

(1) 今週中にですか。できない＿＿＿＿ありませんが、もう少し時間をいただけませんか。

    1 わけも   2 ものも   3 はずも   4 ことも

(2) 二人はじっとにらみあって、今にもなぐり＿＿＿＿ばかりだった。

    1 かかる   2 かからん   3 かかった   4 かからず

(3) 偶然（ぐうぜん）エレベーターで二人きりになったとき、彼は、今がチャンスと＿＿＿＿、彼女に声をかけた。

    1 ばかりに   2 ばかりか   3 ばかりも   4 ばかりで

(4) 日本での2年間は、まるで矢（や）＿＿＿＿、過ぎ去（す）っていった。

    1 らしく   2 かなにか   3 のごとく   4 といって

(5) こんなプライベートなことを相談できるのは、姉をおいて、ほか
　　　________。
　　1 にはいない　　　　　　　　2 にすぎない
　　3 に考えられる　　　　　　　4 にはいるだろう

(6) 大学に進学できたのも、先生のご指導が________こそです。
　　1 なければ　　　2 あったら　　　3 なかったら　　　4 あれば

(7) 赤字を黒字に________、あらゆる手段を試みた。
　　1 するまじく　　　2 すべからず　　　3 せんがため　　　4 せざるべく

(8) 酒に弱い彼は、ウィスキー________、ビールを一口飲んだだけで真っ赤に
　　なってしまう。
　　1 をとわず　　　2 はおろか　　　3 にひきかえ　　　4 といえども

(9) 父親________者、息子の見ている前で、涙を見せたりできるものか。
　　1 なる　　　2 たる　　　3 なりの　　　4 ならではの

(10) 国民の支持率の低迷を________、首相は自らの地位を守りつづけた。
　　1 よそに　　　2 そとに　　　3 あとに　　　4 ほかに

(11) 就職のご報告＿＿＿＿、久しぶりに母校を訪ねてみた。

    1 までも　　　2 なくして　　　3 ならでは　　　4 かたがた

(12) 吸ってはいけないと＿＿＿＿、ついまたタバコに手が伸びてしまう。

    1 思うことで　　　2 思う上に　　　3 思うわけで　　　4 思いながらも

(13) 逮捕され、証拠が次々とあがる＿＿＿＿、彼は容疑を否認しつづけた。

    1 にあっては　　　2 にしては　　　3 にいたっても　　　4 にもまして

(14) 事故で家族を亡くし、帰国を余儀なくされた彼に、同情を＿＿＿＿。

    1 禁じえない　　　　　　　　2 禁じかねない
    3 禁じざるをえない　　　　　4 禁じないではすまない

(15) 今さらあわてて勉強した＿＿＿＿、試験には間に合わない。

    1 もので　　　2 ようで　　　3 ところで　　　4 かぎりで

(16) まったくもう彼ときたら、自分が約束を守らない＿＿＿＿、他人のせいに
するんだから。

    1 だけに　　　2 ために　　　3 くせに　　　4 わりに

(17) 先日、田中先生が私たちの研究室へ、＿＿＿＿＿＿ました。

    1 まいられ   2 あがられ   3 おうかがいされ   4 おみえになり

(18) 彼の説明は、あまりにも抽象的すぎて、何が＿＿＿＿＿＿さっぱりわからない。

    1 なんとか   2 なんでも   3 なにやら   4 なにとぞ

(19) 急いでいるときに＿＿＿＿＿＿、バスもタクシーも来ないんだから、まったく。

    1 際して   2 限って   3 渡って   4 加えて

(20) 一流大学合格の可能性は低いと知りつつも、入れるものなら、

    ＿＿＿＿＿＿。

    1 良い大学は入ってからが大変だ。   2 良い大学に入りたいと思う。

    3 将来、就職に有利だと思う。   4 将来、就職に有利だとは限らない。

2 次の文の＿＿＿＿＿＿にはどんな言葉を入れたらよいか。1・2・3・4から最も適当なものを一つ選びなさい。

(1) 最初は反対だと思ったが、よく聞いてみると、彼の意見も＿＿＿＿＿＿。

    1 わからないわけがない   2 わかりようもない
    3 わからなくもない   4 わかりそうもない

(2) 病気になって試験が受けられなかったのでは、苦労して勉強した
_________。

    1 きりがない   2 しくはない   3 わけがない   4 かいがない

(3) どうせ結果は同じである。努力しようとするまいと、関係_________。

    1 あるべきだ   2 あるべきではない
    3 ないだろう   4 ないだろうか

(4) 朝起きるとカバンがなくなっていた。昨日は、酔っ払っていて、どうやって家に着いたのか覚えていなかったので、カバンを探そうにも_________。

    1 探しようがなかった   2 探しかねなかった
    3 探そうとしなかった   4 探すほかなかった

(5) 準備は整った。あとはただ本番を待つ_________。

    1 までだ   2 のみだ   3 きりだ   4 ほどだ

(6) 交通事故による死者が、一人でも少なくなることを念頭して_________。

    1 おえない   2 すまない   3 やまない   4 たまらない

(7) どんな天才といえども、一つ一つ研究を積み重ねることなしには、
成功は_________。

    1 おさめかねない   2 おさめられない
    3 おさめようとし   4 おさめざるをえない

(8) 人は外見ではわからない。いつもニコニコしている先生のことだから、

さぞ優しい先生だろうと思いきや、＿＿＿＿＿＿。

1 思ったとおりの先生だった　　　2 全く反対の先生だった
3 やはりやさしい先生だった　　　4 とてもまじめな先生だった

(9) 漢字を覚えなければならないことはわかっていますが、こんなに毎日新し
い漢字が出て来ては＿＿＿＿＿＿。

1 なりません　　　　　　　　　2 いられません
3 かないません　　　　　　　　4 ありえません

(10) こんな大規模な企画が、たった一人でできるわけがない。できるというな
ら、やって＿＿＿＿＿＿。

1 みよう　　　2 みせよう　　　3 みるしかない　　　4 みせてほしい

3 次の文の＿＿＿＿＿にはどんな言葉を入れたらよいか。1・2・3・4から最も
適当なものを一つ選びなさい。

(1) 「ああ、きみの論文、読みましたよ。」「どうもありがとうございます。ぜ
ひ先生のご意見を＿＿＿＿＿＿と存じます。」

1 うけたまわりたい　　　　　　　2 お聞かせください
3 聞かされたい　　　　　　　　　4 聞いてさしあげよう

(2) 彼は、家でも仕事をしていて、ほとんど寝る時間がないらしい。新しい家を買うため________、体を壊さなければいいが、と心配である。

1 とすれば　　2 とはいえ　　3 とひきかえ　　4 というなら

(3) わたしは、ついにオリンピックでメダルを獲得した。自分のこと________、「よくやった！」　とほめてやりたくなった。

1 らしく　　2 ながら　　3 のみならず　　4 だけではなく

(4) 彼女は1年半で1級に合格した。ひらがなもわからなかった彼女が、よく合格できた________と感心する。

1 ためだ　　2 おかげだ　　3 ことだ　　4 ものだ

(5) H監督の映画はすばらしい。聞くところによると今回の映画は、実際にあった話________して、作り上げたものらしい。

1 のすえに　　2 のもとに　　3 をすえに　　4 をもとに

(6) 日本のサラリーマンは仕事熱心だといわれる。しかし、家族を犠牲に________働くことに、もはや価値がないことは、彼らもわかっている。

1 してまで　　2 したからには　　3 してこそ　　4 したからこそ

▪ 第2回 ▪

1 次の文の＿＿＿＿＿にはどんな言葉を入れたらよいか。１・２・３・４から最も
適当なものを一つ選びなさい。

(1) 一生懸命頑張れば、合格の可能性は、なきにしも＿＿＿＿＿、である。

　　　1 なし　　　2 あるべき　　　3 あらず　　　4 あるまい

(2) 日本に留学し＿＿＿＿＿、彼は毎日のように家族へ手紙を書くようになっ
　　た。

　　　1 た以上　　　2 てからというもの　　　3 ようものなら　　　4 たが最後

(3) 彼女は私の顔を見る＿＿＿＿＿、急に笑い出した。

　　　1 まま　　　2 ほど　　　3 ゆえ　　　4 なり

(4) 新郎新婦のあいさつ＿＿＿＿＿、結婚式は終わる予定である。

　　　1 にひきかえ　　　2 にいたるまで　　　3 をもって　　　4 をはじめ

(5) 大学がだめなら、専門学校を受験する＿＿＿＿＿ことだ。

　　　1 までの　　　2 あげくの　　　3 すえの　　　4 ばかりの

(6) うちの課長ときたら、酒を飲むといつもあれこれと会社の文句を言って、
結局最後は、部下が悪いと怒り出す________。

1 しまいだ　　　2 かぎりだ　　　3 おわりだ　　　4 しまつだ

(7) 現在と違って、電話もない時代に________は、紙に書いた文字が唯一の
通信手段であった。

1 つれて　　　2 とって　　　3 あって　　　4 して

(8) あの博物館には、毎日5000人________客が足を運ぶと言う。

1 だけに　　　2 からの　　　3 だけの　　　4 からに

(9) まさか1000万円の宝くじがあたる________、今も夢のようである。

1 では　　　2 とは　　　3 には　　　4 かは

(10) 千葉県の一号店を________、フランスのスーパーマーケットが日本進出
を企てている。

1 はじまりに　　　2 まくあけで　　　3 さいしょで　　　4 かわきりに

(11) 暇な時は、散歩する________プールで泳ぐ________して、体を動かすよ
うにしています。

    1　こと／こと　　　2　と／と　　　3　し／し　　　4　なり／なり

(12) この村には、むかし________家並みが残っており、毎年多くの観光客が
訪れる。

    1　ずくめの　　　2　かぎりの　　　3　あっての　　　4　ながらの

(13) 民家に侵入し、まだ4歳の子を含め一家四人を殺害するなど、考える
________恐ろしい事件が起こった。

    1　だの　　　2　だけでも　　　3　だに　　　4　だけでは

(14) 私に相談してくれればいくらでも協力した________、どうして黙ってい
たのだろう。

    1　ものを　　　2　ことを　　　3　ものに　　　4　ことに

(15) 子どもに暴力をふるい、死なせるなど、親に________行為である。

    1　ありえない　　　2　ありうる　　　3　あるまじき　　　4　あるまい

(16) 初めて富士山をこの目で見た時は、＿＿＿＿＿＿きれいな山だろうと思っ
た。

1 なんか　　　　2 なんと　　　　3 なんとか　　　　4 なにかと

(17) 一度、先生の奥様にも＿＿＿＿＿、料理のことなどお伺いしたいと思って
おります。

1 ご覧になって　　　　　　　2 お目にかけて
3 お目にかかって　　　　　　4 ご覧なさって

(18) いくら頭を下げて謝った＿＿＿＿＿、彼女が許してくれるとは思えない。

1 とは　　　2 とも　　　3 とか　　　4 とて

(19) ご希望に＿＿＿＿＿よう、できるだけの努力をしてまいりたいと存じ
ます。

1 あてる　　　2 そえる　　　3 かなえる　　　4 つれる

(20) あのあいまいな答え方からすると、どうも＿＿＿＿＿。

1 犯人は彼ではないと言い切れる。2 彼は犯人でないのではあるまいか。
3 彼があやしいような気がする。4 彼を疑うことは間違っているだろう。

2 次の文の＿＿＿＿にはどんな言葉を入れたらよいか。1・2・3・4から最も
適当なものを一つ選びなさい。

(1) いくらテレビで宣伝しても、やはり実物を見てみないことには、

　　信用＿＿＿＿。

 1 しないわけがない   2 しないものでもない
 3 できそうもない   4 できなくはない

(2) 友人の夫婦げんかについて意見を聞かれたが、私としては、事情を知って

　　いるだけになんとも＿＿＿＿。

 1 言うまでもなかった   2 言いかねなかった
 3 言うはずがなかった   4 言いようがなかった

(3) 彼はまじめな教師であるが、少々まじめすぎて、応用がきかない

　　＿＿＿＿。

 1 きりがない   2 きりがある
 3 きらいがない   4 きらいがある

(4) 彼女の歌はすばらしい。聞く人を感動させ＿＿＿＿だろう。

 1 ずにはおかない   2 ずにはすまない
 3 ざるをえない   4 ようもない

(5) 経験豊富な彼女のことだ。30歳で社長になったとしても、驚く＿＿＿＿＿＿。

   1 にはあたる   2 にはあたらない
   3 にあたるべきだ   4 にあてられない

(6) 彼は酔っ払うと、話が止まらなくなる。しかも、その話は人の悪口ばかり

で、聞く＿＿＿＿＿＿。

   1 にかたくない   2 といったらない
   3 にたえない   4 とものではない

(7) 殺人事件の犯人は19歳の少年であった。しかし、たとえ未成年であれ、

法に定められた責任は＿＿＿＿＿＿。

   1 とりかねない   2 とりようがない
   3 とろうとしない   4 とらなければならない

(8) 21世紀は情報通信の時代である。ＩＴ革命の成功なしに、＿＿＿＿＿＿。

   1 経済は回復に向かうだろう   2 経済の発展は望めない
   3 経済は更に発展するだろう   4 経済は不況になるほかない

(9) 「まさか、あの彼が事故で命を失うなんて。あの天才と言われた彼が…。

そう思うと残念で＿＿＿＿＿＿。」

   1 なりません   2 いられません
   3 かないません   4 ありえません

(10) 従業員が足りないからといって、まだ中学生の子どもを＿＿＿＿＿＿＿。

    1 働かせざるをえない   2 働かせるとはかぎらない
    3 働かせないともかぎらない   4 働かせるわけにはいかない

3 次の文の＿＿＿＿＿＿＿にはどんな言葉を入れたらよいか。1・2・3・4から最も適当なものを一つ選びなさい。

(1) 「先日は、うちの娘がいろいろとご迷惑を＿＿＿＿＿＿＿、申しわけございませんでした。」

    1 おかけしまして   2 おかけになって
    3 かけさせていただいて   4 かけてさしあげて

(2) 今からでは、大学に進学するのは難しい。行ける＿＿＿＿＿＿＿、一流の大学というわけにはいかないだろう。

    1 とすれば   2 とはいえ   3 としたって   4 というなら

(3) 教師といえども怒りをおさえられないこともある。しかし、理由のいかん＿＿＿＿＿＿＿、教室で暴力をふるうことは許されない。

    1 によっては   2 にかかわらず
    3 のみならず   4 にいたっては

(4) 夢は、そんなに簡単に実現できるものではない。大事なのは、希望を捨てずに努力をし続ける________。

    1 ためだ　　　2 おかげだ　　　3 ことだ　　　4 ものだ

(5) この峠からの眺めはすばらしく、周囲の山々が360度見渡せる。

そのため、一年________、観光客が絶えることがない。

    1 に通じて　　　2 に通せば　　　3 を通じて　　　4 を通せば

(6) 確かに彼女には、これといった特別な才能があるわけではない。才能があるからではなく、一日も休まず勉強を続けた________、彼女は希望する大学に進学できたのである。

    1 までには　　　2 からには　　　3 までこそ　　　4 からこそ

1 次の文の＿＿＿＿＿＿＿にはどんな言葉を入れたらよいか。1・2・3・4から最も適当なものを一つ選びなさい。

(1) 彼は、食べず＿＿＿＿＿＿のところがあって、友人がいろいろと誘っても断ることが多い。

   1 じまい   2 がてら   3 ぎらい   4 しまつ

(2) 優勝が決った瞬間、感激の＿＿＿＿＿＿に達した彼女の目から、一粒の涙がこぼれた。

   1 かぎり   2 あげく   3 しまつ   4 きわみ

(3) 自分の部屋で勉強している＿＿＿＿＿＿、近くに住む友達が来て邪魔されてしまった。

   1 とおもいきや   2 とはいえ   3 ところを   4 とばかりに

(4) 普段は穏やかな父だが、一度怒り出したが＿＿＿＿＿＿誰がなんと言っても聞き入れなくなる。

   1 終わり   2 始末   3 しまい   4 最後

(5) この地域の人口密度は、1平方キロメートル________約2000人となってい
る。

 1 あたり 2 あたって 3 いたり 4 いたって

(6) あのデパートの店員と________、客を待たせて平気なんだから、まった
く。

 1 とすれば 2 したら 3 あって 4 きたら

(7) 難しい論文は読めない________、新聞の記事ぐらいは読めるようになりた
いものだ。

 1 からに 2 までに 3 からも 4 までも

(8) 山下博士は世界的に有名な学者である。その博士________解けなかった問
題を、どうして学生のわたしが解けようか。

 1 にもまして 2 たりとも 3 をおいて 4 ですら

(9) 彼が嫌われる原因の一つは、やはりあの押し付け________言い方だと思
う。

 1 がたい 2 がましい 3 きわまる 4 ずくめの

(10) 今度のオリンピックでは、日本の女性の活躍が目立ったの＿＿＿＿、

日本の男性は精神面の弱さが明らかとなり、予想を裏切る結果となった。

   1 とかわって   2 にひきかえ   3 といえども   4 にそくして

(11) 押入れをかたづけていたら、ほこり＿＿＿＿になった古いアルバムが見つ

かった。

   1 ぎみ   2 まみれ   3 っぽく   4 がち

(12) 朝の満員電車の中、大きな音で音楽を聞いている迷惑＿＿＿＿若者がい

る。

   1 極める   2 極めない   3 極まる   4 極まっている

(13) だめだよ、そこに入っちゃ。あそこに書いてあるでしょう。「芝生に入る

＿＿＿＿」って。

   1 べし   2 べき   3 べからず   4 べからざる

(14) 森の中で迷子になった男の子は、声を＿＿＿＿母を呼び続けた。

   1 かぎりに   2 もって   3 きわめて   4 ばかりに

(15) まさか彼が優勝するなんて、予想________しなかった。

    1 でも　　　2 まで　　　3 だに　　　4 ばかり

(16) 最近は疲れが溜まっているせいか、どうも朝が遅く________です。

    1 なりっぽい　　　2 なりそう　　　3 なりぎみ　　　4 なりがち

(17) 来週、先生のお宅へ________のですが、ご都合はよろしいでしょうか。

    1 おうかがいしたい　　　　　　　　2 いらっしゃりたい
    3 まいらせたい　　　　　　　　　　4 おめにかかりたい

(18) あんなにわがままな性格では、結婚なんて________。

    1 できまいか　　　　　　　　　　　2 できるものを
    3 できっこない　　　　　　　　　　4 できかねない

(19) 有名歌手の死が、マスコミを________、全国に報じられた。

    1 抜きにして　　　2 通して　　　3 契機にして　　　4 関して

(20) 普段はなんだかんだとうるさい姉が、今日は________おとなしいのでかえって不気味だ。

    1 いつのまにか　　　　　　　　　　2 いつになく
    3 いつともなく　　　　　　　　　　4 しらずしらず

(1) 私は離婚には反対だが、彼の身になって考えれば、離婚に至った理由が
＿＿＿＿＿。
　　1 わかりようがない　　　　　　2 わからないでもない
　　3 わからないものだ　　　　　　4 わかりそうもない

(2) 彼にはアリバイがない上、現場に残された指紋も彼のものと一致した。
もはや、彼が犯人であることは＿＿＿＿＿。
　　1 疑わざるをえない　　　　　　2 疑わずにはおかない
　　3 疑いかねない　　　　　　　　4 疑いようがない

(3) 天才じゃあるまいし、たった三日で作品を仕上げられる＿＿＿＿＿。
　　1 べきではない　　　　　　　　2 おそれがある
　　3 きらいがある　　　　　　　　4 わけがない

(4) 少年による凶悪犯罪が増えている。その親はもちろん、学校教育の責任も
問われずには＿＿＿＿＿。
　　1 すまないだろう　　　　　　　2 おかないだろう
　　3 やまないだろう　　　　　　　4 おわらないだろう

(5) ２年間いっしょに過ごした友人が帰国して、さびしい＿＿＿＿＿＿。

1 までだ　　　2 かぎりだ　　　3 のみだ　　　4 だらけだ

(6) こんな深夜にまちがい電話をかけてくるなんて、非常識＿＿＿＿＿＿。

1 ちがいない　　　　　　　2 ほかならない
3 きわまりない　　　　　　4 かぎりない

(7) きょうもチャンスがなくて、結局彼女にほんとうの気持ちを＿＿＿＿＿＿。

1 言いそこなってしまった　　　2 言いかねなかった
3 言うにはあたらなかった　　　4 言わずと知れていた

(8) わたしが日本へ留学したのはもちろん勉強のためだ。＿＿＿＿＿＿なんだと言うのだろうか。

1 そうであって　　　　　　2 そうでなくて
3 そうといったら　　　　　4 そういえば

(9) 田中社長の「女は黙っていろ！」といった女性に対する失礼な発言は、
差別＿＿＿＿＿＿。

1 以外でないものでもない　　　2 以外にこしたことはない
3 以外のなにものでもない　　　4 以外でもやむをえない

(10) 苦しい練習にも耐え、あんなにがんばったのに入賞できなかった今の私の

　　気持ちは、だれにも＿＿＿＿＿＿。

　　1 わかりかねない　　　　　　　2 わかりかねる
　　3 わかるまいか　　　　　　　　4 わかるまい

3 次の文の＿＿＿＿＿にはどんな言葉を入れたらよいか。1・2・3・4から最も
適当なものを一つ選びなさい。

(1) 「どうぞ宜しくお願いいたします。」「はい、わかりました。検討＿＿＿＿＿＿。」

　　1 してさしあげます　　　　　　2 していただきます
　　3 させてくださいます　　　　　4 させていただきます

(2) 今の子どもの知識の量は、昔と比べものにならない。子どもといえども、

　　＿＿＿＿＿＿。

　　1 大人には勝ってない　　　　　2 子どもに過ぎない
　　3 ばかにはできない　　　　　　4 学者ではあるまい

(3) 夏休みに富士山の頂上に登った。さすがに富士山＿＿＿＿＿＿のすばらしい眺
　　めだった。

　　1 ながら　　　2 ならでは　　　3 ずくめ　　　4 なしには

(4) こんな結果になるとわかっていたら保証人にならなかったものを。友だち
を信用したばかりに＿＿＿＿＿＿＿。

　　1 ほんの少しだが利益を得られた　　　　2 現在は幸福な生活を送っている
　　3 多額の借金を抱えてしまった　　　　　4 失敗してもしかたがないだろう

(5) このあたりのアパートに住んでいるのはほとんど外国人だという。近くに
ある商店街も、外国人の客が多い＿＿＿＿＿＿＿、「国際通り」と呼ばれている。

　　1 ものから　　　2 ものの　　　3 ことに　　　4 ことから

(6) 昔、日本の女性と言えば、遠慮がちでおとなしいというイメージだった。

しかし、最近は、街で派手なかっこうの若い女性を見るにつけ、＿＿＿＿＿＿＿。

　　1 やはり日本人は日本人だなと思う
　　2 日本人も変わったなとつくづく思う
　　3 いかにも日本人らしいと思われる
　　4 日本人ではないとは言い切れない

▪ 第４回 ▪

1 次の文の＿＿＿＿＿にはどんな言葉を入れたらよいか。１・２・３・4から最も
適当なものを一つ選びなさい。

(1) 日本語学校に入学したら、＿＿＿＿＿小学校のときの友人と同じクラスだった。

   １ なんて　　　２ なんと　　　３ なんという　　　４ なんとも

(2) 管理する立場にある者は、何事も不公平にならないように規定＿＿＿＿＿処理をするべきだ。

   １ に至る　　　２ に即した　　　３ とあいまった　　　４ とともに

(3) ＩＴ革命を成功させる＿＿＿＿＿、政府はＩＴ戦略会議を開くことを決定した。

   １ ゆえ　　　２ まじく　　　３ らしく　　　４ べく

(4) 政府の対応＿＿＿＿＿では、戦争にもなりかねない危険な状況である。

   １ いかに　　　２ いかん　　　３ いかにも　　　４ よそに

(5) 数千人からの社員を抱える大企業________倒産が相次ぐ時代である。中小
企業の苦しい状況はなおさらである。

　　1 によって　　　2 にして　　　3 とて　　　4 にもまして

(6) 昔とは違って、現代っ子には現代っ子________事情がある。親が自分の経
験だけで言い聞かせようとしても、子どもの理解は得られない。

　　1 ばかりの　　　2 ずくめの　　　3 まみれの　　　4 なりの

(7) 緊急指令が告げられる________、隊員は現場へ駆付けた。

　　1 そばから　　　2 やいなや　　　3 ばかりに　　　4 しだい

(8) 今の日本語の実力では大学に入ってからが心配だが、それ________心配な
のは学費である。

　　1 だに　　　2 にもまして　　　3 ともなしに　　　4 までもなく

(9) 勉強________ボランティア活動をする大学生が増えている。

　　1 をかぎりに　　　2 がてら　　　3 のみならず　　　4 のかたわら

(10) 日本は資源が乏しいが________、加工貿易に力を入れてきた。

　　1 ものの　　　2 ゆえに　　　3 からこそ　　　4 最後

(11) 一国の首相＿＿＿＿＿、政策や外交での能力のみならず、人格の面でもいろ
いろと問題にされる。

　　　1 ともすると　　　　2 ともなれば　　　3 となれども　　　4 とあれども

(12) 学校の成績＿＿＿＿＿、面接での応答が高く評価されて彼女はみごとH社に
就職した。

　　　1 をものともせず　　　　　　2 もさることながら
　　　3 としたところで　　　　　　4 にいたっては

(13) オリンピック最終日、男子マラソンでは中国と韓国の選手二人が、最後ま
で＿＿＿＿＿の大接戦をくりひろげた。

　　　1 抜くも抜かれるも　　　　　　　2 抜くなり抜かれるなり
　　　3 抜くといい抜かれるといい　　　　4 抜きつ抜かれつ

(14) 親に対してただ反抗する＿＿＿＿＿、暴力までふるう子どもが増えるてき
た。

　　　1 のみならず　　　2 ことなしに　　　3 がはやいか　　　4 ともなしに

(15) どんなに困難な場合＿＿＿＿＿、彼女は絶対に希望を捨てなかった。

　　　1 にもまして　　　2 をよそに　　　3 だろうと　　　4 とあって

(16) 最近、SONYが売りに出した子犬（こいぬ）のロボットは、いかにも日本人
_________発想（はっそう）だと言える。

　　1 にあるまじき　　　2 らしからぬ　　　3 ごとき　　　4 らしい

(17) 故郷（こきょう）の写真を見るたびに、楽しかった少年時代が_________。

　　1 思い出す　　　　　　　　　2 思い出される
　　3 思い出させる　　　　　　　4 思い出させられる

(18) 冬が近（ちか）づき、雨が_________やみ、_________やみ、という不安定（ふあんてい）な天気が続
いている。

　　1 降れば／降れば　　　　　　2 降ったら／降ったら
　　3 降っても／降っても　　　　4 降っては／降っては

(19) 将来（しょうらい）のことは_________、今一番問題なのは、試験の成績（せいせき）である。

　　1 とりわけ　　　2 ともかく　　　3 だけあって　　　4 さすがに

(20) 才能（さいのう）や運（うん）ではなく本人の努力（どりょく）によってこそ、_________。

　　1 成功（せいこう）はもたらされるものだ。　　2 結果はどちらでも関係（かんけい）ないといえる。

　　3 悪い結果になることもある。　　4 幸（しあわ）せになれないものでもない。

---

2 次の文の＿＿＿＿＿＿にはどんな言葉を入れたらよいか。1・2・3・4から最も適当なものを一つ選びなさい。

(1) 彼女なら何の問題もありません。そのまじめな性格といい優秀（ゆうしゅう）な成績（せいせき）といい、我（わ）が校（こう）が推薦（すいせん）するにたる学生と＿＿＿＿＿＿。

    1 言いかねるでしょう   2 言いかねないないでしょう
    3 言えるでしょう   4 言えないでしょう

(2) 首相の問題発言（はつげん）がマスコミを賑（にぎ）わしているが、国会（こっかい）でも野党（やとう）が首相の責任を追及（ついきゅう）＿＿＿＿＿＿だろう。

    1 するわけにはいかない   2 せずにはすまない
    3 してはいられない   4 せずにはおかない

(3) 手に汗（あせ）にぎる熱戦（ねっせん）だったが、突然（とつぜん）の激（はげ）しい雨に中断（ちゅうだん）＿＿＿＿＿＿。

    1 をきんじえなかった   2 せずにはおかなかった
    3 するにはあたらなかった   4 をよぎなくされた

(4) 人間は、本人の努力なくしては、たとえ才能（さいのう）や運（うん）に恵（めぐ）まれていても、なかなか＿＿＿＿＿＿。

    1 成功しかねない   2 成功できるものではない
    3 成功するきらいがある   4 成功してやまない

(5) 梅雨も明けて、日差しも強まり、季節はいよいよ夏＿＿＿＿＿きた。

　　1 っぽくなって　　　2 めいて　　　3 がちになって　　　4 ぎみになって

(6) 一度は誘いを断ったが、条件次第では、もう一度＿＿＿＿＿。

　　1 考えなおしようもない　　　　　　2 考えなおすわけには行かない
　　3 考えなおさないものでもない　　　4 考えなおすわけでもない

(7) 都会にはたくさんの出会いがある。しかし、テレビのドラマではあるまい

　　し、そんなに簡単に理想の人とめぐりあえる＿＿＿＿＿。

　　1 ことだろうか　　　　　　2 ものだろうか
　　3 べきだろうか　　　　　　4 ばかりだろうか

(8) 先生に質問したいことがあったが、休み中のこととて、＿＿＿＿＿。

　　1 連絡をとらざるをえなかった　　　2 連絡をとりようがなかった
　　3 連絡をとらないわけでもなかった　4 連絡をとるほかなかった

(9) 日本政府は多くの赤字を抱えている。しかし、公共事業にばかり税金を

　　使っていては、景気が回復する可能性など＿＿＿＿＿。

　　1 ありはしない　　　2 ありかねない　　　3 あるものを　　　4 あるまでだ

(10) 証拠はまだ何も見つかっていないが、今度こそは、絶対に犯人を探し出

_______。

　　1　すようだ　　　2　してみよう　　　3　しそうだ　　　4　してやる

3　次の文の_______にはどんな言葉を入れたらよいか。1・2・3・4から最も
適当なものを一つ選びなさい。

(1) 「先ほどお電話した山田ですが、できてますか。」「すみません、もう少々
　　時間がかかりますので、こちらで_______でしょうか。」
　　1　待たせていただきます　　　　　　2　待たされてくださいます
　　3　お待ちしてくださいます　　　　　4　お待ちいただけます

(2) 社員とアルバイトでは責任が違う。しかし、アルバイトと_______客の信
用をなくすような態度をとってはいけない。
　　1　いえば　　　2　いうなら　　　3　いえども　　　4　いうなり

(3) いよいよ今日は、あの有名な祭りの日だ。7年ぶり_______、村は、
朝から見物客でいっぱいだ。
　　1　でありながら　　　2　とあって　　　3　であれば　　　4　として

(4) 手術は成功し順調に回復するものと思われた。が、実際は、回復する
　　　________、病状は悪化する一方であった。

　　　1 ところが　　　2 どころか　　　3 ばかりか　　　4 ものか

(5) 彼女はやっと念願の大学に合格できた。苦労して頑張った________、
　　　喜びまた人一倍大きかったようだ。

　　　1 すえに　　　2 うえに　　　3 あげく　　　4 だけに

(6) 彼女は本当に山が好きで、今日もまた南アルプスへと向かった。趣味は趣
　　　味でいいのだが、なにも仕事を________山に登らなくても、と私は思う。
　　　1 休んでまで　　　2 休むべく　　　3 休んでさえ　　　4 休むなり

▪ 第5回 ▪

---

1 次の文の________にはどんな言葉を入れたらよいか。1・2・3・4から最も
適当なものを一つ選びなさい。

(1) 時間が許す________、このまま議論を続けたいと思います。

 1 ばかり 2 かぎり 3 ばかりに 4 かぎりに

(2) こんなに名誉ある賞をいただいて、光栄________でございます。

 1 まみれ 2 ずくめ 3 の極まりり 4 の至り

(3) 少年犯罪のニュースを聞くたびに、今の教育のあり方について________。

 1 考えられる   2 考えさせる
 3 考えさせられる   4 考えかねる

(4) 行政の構造改革________、景気の回復もあり得ないだろう。

 1 なくしては 2 なければ 3 ないでは 4 なかろうと

(5) 政治家としてとる＿＿＿＿＿＿方法を用いた彼の今回の行動は、非難されて当
然である。

   1 べき   2 べからず   3 べく   4 べからざる

(6) 社長の前でそんなことを言おうものなら、＿＿＿＿＿＿大変だ。

   1 それこそ   2 それだけ   3 それほど   4 そればかり

(7) 現在のような情報社会＿＿＿＿＿＿、より速く正確な情報を集め分析する能力
が求められる。

   1 としたところで   2 としたら   3 にもまして   4 にあっては

(8) 窓の外を＿＿＿＿＿＿見ていると、ちらちら白い雪が舞い降りてきた。

   1 見ないまでも   2 見るともなく
   3 見ることなしに   4 見ていながら

(9) 理由の＿＿＿＿＿＿、試験開始後の入室はいっさい認められませんので、
ご注意ください。

   1 いかんせん   2 いかんによって
   3 いかんによると   4 いかんによらず

(10) 駅前に新しい本屋がオープンしたので、買い物＿＿＿＿寄ってみた。

　　　1 なり　　　2 ならでは　　　3 ごとく　　　4 がてら

(11) 試験を目前＿＿＿＿友だちと酒を飲んでいるようでは、結果は見えてい
　　　る。
　　　1 にひかえて　　　2 にそくして　　　3 にふまえて　　　4 にあたって

(12) 彼女はその手紙を受け取るや＿＿＿＿、封を切って読み始めた。

　　　1 いなや　　　2 とたんに　　　3 はやいか　　　4 しだいに

(13) 彼女は我が社にとって＿＿＿＿貴重な人材である。

　　　1 かかせる　　　　　　　　2 かかせない
　　　3 かかされる　　　　　　　4 かかされない

(14) 家を出た後で、窓が＿＿＿＿だったことに気がついた。

　　　1 あけながら　　　　　　　2 あけたきり
　　　3 あけっぱなし　　　　　　4 あけかけ

(15) 田中さんときたら、部長に相談するなら＿＿＿＿直接社長に給料の話をし
　　　て、クビになったそうだよ。
　　　1 それまでで　　　2 するで　　　3 とばかりに　　　4 まだしも

(16) 女性の労働人口を年齢別に調べてみると、40代前半＿＿＿＿＿＿働く女性が増

えていることがわかる。

    1 にかけて　　　　　　　　　2 にわたって
    3 をきっかけにして　　　　　4 をさかいにして

(17) 健康ブームと言われるが、それは現代社会が不健康であることの反映

＿＿＿＿＿＿ない。

    1 にほかなら　　　2 にはあたら　　　3 といったら　　　4 ときたら

(18) 驚いたことに彼の証言は、何から何までうそ＿＿＿＿＿＿であった。

    1 ついで　　　2 がち　　　3 ずくめ　　　4 まみれ

(19) 社員全員団結して、会社の危機を＿＿＿＿＿＿ではありませんか。

    1 乗り越えざる　　　　　　　2 乗り越えん
    3 乗り越えまい　　　　　　　4 乗り越えよう

(20) 不景気が続き、大企業といえどいつ倒産してもおかしくない時代である。

しかし、経営者たるもの、社員＿＿＿＿＿＿会社であることを忘れてはならな

い。

    1 あっての　　　　　2 に先立ち　　　　3 ながらの　　　　4 に伴い

 次の文の＿＿＿＿＿にはどんな言葉を入れたらよいか。1・2・3・4から最も
適当なもの を一つ選びなさい。

(1) どの大学であれ、同じ学科であれば、学ぶ内容自体はたいして＿＿＿＿＿。

    1 おなじであるだろう   2 おなじでないだろう
    3 かわりがあるだろう   4 かわりはないだろう

(2) どんな事情があったにせよ、悪いのはこちらの方だから、謝らないでは

    ＿＿＿＿＿。

    1 すむべきである   2 おくべきである
    3 すまないだろう   4 おかないだろう

(3) 内閣不信任案が否決されたからといって、首相が信任されたという

    ＿＿＿＿＿。

    1 わけである   2 わけではない
    3 わけもない   4 わけがある

(4) 友人に旅行に誘われたが、レポートが溜まっていたので、それ＿＿＿＿＿。

    1 ほどではなかった   2 までもなかった
    3 どころではなかった   4 ばかりではなかった

(5) テロ事件の犠牲者は、ざっと数えても5000人＿＿＿＿＿。

    1 をくだらない   2 にたえない
    3 にすぎない   4 にかなわない

(6) 乗る前にブレーキの欠陥に気づいたから良かったものの、あのまま車に
乗っていたら、命を＿＿＿＿＿＿＿。

1 落とすばかりだった　　　　　2 落とさんばかりだった
3 落とすところだった　　　　　4 落とさないところだった

(7) 兄は人さし指を口に当てて、「いいか。だれにも＿＿＿＿＿＿ぞ。」と私に言っ
た。

1 言うまでもない　　　　　　　2 言うべくもない
3 言うんじゃない　　　　　　　4 言いようがない

(8) おそれいりますが、もう一度ご検討＿＿＿＿＿＿でしょうか。

1 ねがわせます　　　　　　　　2 ねがえません
3 ねがわれます　　　　　　　　4 ねがわせません

(9) こんな夜中に間違い電話をかけてくるなんて、まったく非常識＿＿＿＿＿＿＿。

1 極まりない　　　2 極まっている　　　3 極めない　　　4 極めている

(10) 他人の家庭に不幸が起きたという悪いうわさを流すなんて、
冗談＿＿＿＿＿＿。

1 のなんのって　　　　　　　　2 にもほどがある
3 まみれである　　　　　　　　4 にすぎない

3 次の文の＿＿＿＿＿にはどんな言葉を入れたらよいか。1・2・3・4から最も
適当なものを一つ選びなさい。

(1) タバコの喫煙が乳幼児に影響を与えることは知られている。そうと知りつ
つ、＿＿＿＿＿。

    1 やめようとする女性が増えているという
    2 禁煙する女性が増えているという
    3 タバコに無関心な女性が増えているという
    4 やめられない女性が増えているという

(2) 教室の中で習っただけでは、言葉はまだ命を持たない。実際に生活の中で
使ってみて＿＿＿＿＿、言葉は生きてくるのである。

    1 はじめに   2 はじめて   3 からというもの   4 からでないと

(3) 女優である彼女の息子が、麻薬所持の疑いで逮捕された。しかし、彼女は
マスコミの非難をものともせず、＿＿＿＿＿。

    1 舞台に立つことを中止した   2 最後まで舞台で演じつづけた
    3 途中で舞台から姿を消したた   4 舞台を降りることにした

(4) 新たに無党派の知事が誕生した。彼なら市民の期待に＿＿＿＿＿、県政に新
しい風を吹き込んでくれることだろう。

    1 こたえれば   2 こたえて   3 ともなえば   4 ともなって

(5) 理論上、事故の可能性はほとんどありません。ある＿＿＿＿、それは人為

的なミスによるものだと考えられます。

　　1 とすれば　　　2 ものか　　　3 だけあって　　　4 ともなく

(6) 彼女が一人息子を海外留学へ送り出して一か月がすぎた。しかし今も、彼

女は心配のあまり、＿＿＿＿＿。

　　1 ぐっすり眠れない日が続いている
　　2 電話をかけなくても平気である
　　3 だんだん息子のことを忘れていった
　　4 前より夫との関係がよくなった

2級 問題

▪ 第1回 ▪

1 次の文の＿＿＿＿＿＿にはどんな言葉を入れたらよいか。1・2・3・4から最も適当なものを一つ選びなさい。

(1) "すみません"と言った＿＿＿＿＿弁償させられた。

    1 ばかりで   2 ばかりに   3 ばかりだけ   4 のばかりで

(2) 社会が進歩すれば＿＿＿＿＿生じる問題も複雑になってくる。

    1 するぐらい   2 してだけ   3 するように   4 するだけ

(3) ちょうど今宴会が終＿＿＿＿＿です。

    1 ったところ   2 りかかるころ
    3 っているところ   4 ろうとしたところ

(4) 体調がよくなる＿＿＿＿＿毎朝ジョギングをしています。

    1 よう   2 のよう   3 ようなことに   4 ように

(5) 環境問題に個人＿＿＿＿＿＿＿どんなことができるだろうか。

    1 として   2 にたいして   3 によって   4 について

(6) 日本企業は現地社員を正社員＿＿＿＿＿＿＿採用すべきだ。

    1 として   2 となって   3 なみで   4 によって

(7) この写真を＿＿＿＿＿＿＿たびに子供の頃を思い出す。

    1 見   2 見て   3 見る   4 見ている

(8) 日本はもっと国際平和のために協力する＿＿＿＿＿＿＿。

    1 かぎり   2 ため   3 べき   4 ばかり

(9) 今日の歴史の試験の問題は奈良時代から現代まで広い範囲＿＿＿＿＿＿＿出題された。

    1 にかかって   2 を通して   3 に従って   4 にわたって

(10) 今年はロングスカートに＿＿＿＿＿＿＿短めのスカートが流行している。

    1 代わって   2 違って   3 移って   4 なって

(11) 私は中学、高校時代を＿＿＿＿ずっとテニス部に所属していた。

    1 と通って　　　2 通じて　　　3 通して　　　4 通

(12) 新入社員は何をするにも不慣れで時間がかかり＿＿＿＿。

    1 がちだ　　　2 きる　　　3 かねる　　　4 はずだ

(13) その年は投資ブームで若者からお年寄りに＿＿＿＿株に熱中した。

    1 至ってから　　　2 至り　　　3 至るまで　　　4 至って

(14) 社会の構造が変化するに＿＿＿＿家族のありかたも変わってきた。

    1 従って　　　2 わたって　　　3 共に　　　4 傍ら

(15) いつも忙しそうなので，田中さんには仕事を頼み＿＿＿＿。

    1 しない　　　2 すぎる　　　3 かねる　　　4 かける

(16) この論文は序文を含めて，七つの章＿＿＿＿成る。

    1 から　　　2 まで　　　3 に　　　4 が

(17) 長年＿＿＿＿わたる研究が実り、博士はノーベル賞を受賞することになった。

　　　1 まで　　　　2 から　　　　3 に　　　　4 は

(18) 一人で海外旅行する＿＿＿＿、その国や地域のことを前もってよく調べた方がいい。

　　　1 とは　　　　2 かは　　　　3 には　　　　4 のが

(19) 夜中に台所で音がした。変＿＿＿＿思ってのぞいてみたがだれもいなかった。

　　　1 と　　　　2 な　　　　3 を　　　　4 に

(20) そんな難しい要求には応じ＿＿＿＿ます。

　　　1 にくい　　　　2 かね　　　　3 ざるを得ない　　　　4 られ

2 次の文の＿＿＿＿にlはどんな言葉を入れたらよいか。1・2・3・4から最も適当なものを一つ選びなさい。

(1) 私は彼のプランには反対だが、彼の考えていることがわからない＿＿＿＿。

　　　1 べきではない　　　　　　　　2 はずではない
　　　3 わけにはいかない　　　　　　4 わけではない

(2) まだ可能性がないわけじゃないんだから、もう少しようすを見て＿＿＿＿＿＿。

　　　1　みるわけがないか　　　　　　　2　みようじゃないか
　　　3　みることはないか　　　　　　　4　みようともしないか

(3) 日本人だからといって、敬語が上手に使えるとは＿＿＿＿＿＿。

　　　1　かぎります　　　2　なります　　　3　かぎりません　　　4　なりません

(4) この肉は高い＿＿＿＿＿＿、味がいい。

　　　1　からには　　　2　だけあって　　　3　ばかりに　　　4　ところを見ると

(5) この町では、ごみを出すとき、燃えるごみと燃えないごみとを分ける

　　　＿＿＿＿＿＿。
　　　1　というべきである　　　　　　　2　というものでもない
　　　3　ことになっている　　　　　　　4　ものになっている

(6) 知っている人と道で出会ったら、普通あいさつをする＿＿＿＿＿＿。

　　　1　しだいである　　　2　ものである　　　3　のである　　　4　ことである

(7) 彼はもう2年も日本にいるというが、それにしては日本語を＿＿＿＿＿＿。

　　　1　知っている　　　2　話しづらい　　　3　話しがたい　　　4　知らない

(8) 駅のホームで転んでしまって、恥ずかしくて恥ずかしくて＿＿＿＿。

    1 ちがいなかった　　　　　　2 ほかはなかった
    3 いられなかった　　　　　　4 たまらなかった

(9) 東京へいらっしゃったおりは、ぜひ我が家まで＿＿＿＿ください。

    1 お参り　　　2 お越し　　　3 お伺い　　　4 お召し上がり

(10) 緊張のため、食べ物がのどを通らない日が続いたが、このままでは病気に
なり＿＿＿＿。

    1 きれる　　　2 かねない　　　3 かねる　　　4 きれない

3 次の文の＿＿＿＿にはどんな言葉を入れたらよいか。1・2・3・4から最も
適当なものを一つ選びなさい。

(1) あの二人はけんかをしてからいっさい、＿＿＿＿。

    1 口をきかない　　　　　　　2 話している
    3 口をきかないことがある　　4 話さないことがある

(2) 英語にかけてはクラスに、＿＿＿＿。

    1 彼ほどの学生はいない　　　2 彼ぐらいの学生はいる
    3 彼だけの学生はいる　　　　4 彼のような学生がいる

(3) ＜私にやらせて下さい＞と言った以上＿＿＿＿＿＿。

    1 やらなくてもいい   2 やらないわけにはいかない
    3 やってはいけない   4 やるわけにはいかない

(4) 論文を書いたので筆記試験＿＿＿＿＿＿。

    1 ないですんだ   2 なしですんだ
    3 ぬいですんだ   4 ぬきにすんだ

(5) 「来週映画に行きませんか。」「＿＿＿＿＿＿、仕事があるので…。」

    1 せっかくにも   2 せっかくですが
    3 せっかくなのに   4 せっかくですから

(6) 詳しく調査をしてからでないと、どこに工場を建てるかは＿＿＿＿＿＿。

    1 決めてください   2 決めてもいいでしょう
    3 決めましょう   4 決められません

1 次の文の________にはどんな言葉を入れたらよいか。1・2・3・4から最も適当なものを一つ選びなさい。

(1) 仕事がおもしろくない________しても、無断で欠勤するのは問題だ。

    1 から   2 ため   3 まで   4 に

(2) オリンピックは数年前東京________開かれた。

    1 にあって   2 にとって   3 において   4 によって

(3) テニス________かけては部長が一番だ。

    1 に   2 を   3 が   4 で

(4) 彼は両親の教育方針________イギリスに留学した。

    1 において   2 にそって   3 にとして   4 いあたって

(5) これは金で________問題ではない。人間の良心に関わることなのだ。

    1 済み   2 済む   3 済んでいる   4 済んだ

(6) その男は 三千万円＿＿＿＿およぶ借金が返せずに、自殺した。

　　1 に　　2 へ　　3 まで　　4 を

(7) 彼女は花＿＿＿＿ごとく美しい。
　　1 に　　2 が　　3 と　　4 の

(8) 彼のほうから来てくれたので私は行かないで＿＿＿＿。
　　1 終わった　　2 来た　　3 いた　　4 済んだ

(9) ゴミを出さないようにする＿＿＿＿ゴミの再利用をも考えなければ地球の環境を守れない。

　　1 とともに　　2 ながら　　3 傍ら　　4 につれて.

(10) 食べ物がなくなって木の根まで食べ＿＿＿＿。

　　1 ざるを得なかった　　　　2 なくてもよかった
　　3 なにことにした　　　　　4 ないわけではなかった

(11) 彼女は入試のことを気にする＿＿＿＿、ノイローゼになってしまったということだ。
　　1 よって　　2 わけで　　3 おそれで　　4 あまり

(12) ＿＿＿＿＿＿＿雨の中をおいで下さって、本当にありがとうございます。

1 わざわざ　　　2 せっかく　　　3 あいにく　　　4 残念な

(13) 一度約束した＿＿＿＿＿＿必ず実行するべきだ。

1 時に　　　2 以上　　　3 ので　　　4 ために

(14) 小学生の学力に＿＿＿＿＿＿日本はアメリカに劣らない。

1 あっては　　　2 言っては　　　3 おいては　　　4 並んでは

(15) 反対者が非常に多いのでこの計画＿＿＿＿＿＿ざるを得ない。

1 やら　　　2 やる　　　3 やめ　　　4 やめる

(16) ダイエットをする＿＿＿＿＿＿栄養のバランスには気をつけた方がいい。

1 と　　　2 のに　　　3 傍ら　　　4 にしても

(17) ＜これは私が作ったんだ＞と子供は得意＿＿＿＿＿＿プラモデルの車を見せて
くれた。
1 そう　　　2 げに　　　3 そうな　　　4 げな

(18) 社長の意志に＿＿＿＿＿新しい役員が選ばれた。

　　　1 ついて　　　2 とって　　　3 あって　　　4 そって

(19) 彼は勉強はあまり好きではないが、スポーツに＿＿＿＿＿＿自信を持っている。

　　　1 かけると　　　2 かけて　　　3 かければ　　　4 かけては

(20) ＜ただいま＞という声がした＿＿＿＿＿、ドアが開いて子供が走り込んで来た。

　　　1 と思わず　　　2 かと思って　　　3 かと思えば　　　4 かと思うと

2 次の文の＿＿＿＿＿にはどんな言葉を入れたらよいか。1・2・3・4から最も適当なものを一つ選びなさい。

(1) この女子大では、学部は女子の学生だけだが、大学院では男女を

　　　＿＿＿＿＿入学できる。

　　　1 問わず　　　2 ふまえて　　　3 思わず　　　4 中心にして

(2) A氏は作家＿＿＿＿＿の才能はあるが、政治家にはむいていないと思う。

　　　1 とともに　　　2 として　　　3 という　　　4 としても

(3) 新しく開通した地下鉄は、いままでのに________車体が少し小さい。

　　　1 あわせて　　　2 従って　　　3 つれて　　　4 比べて

(4) リー先生を________、何人かの学生や先生が留学生の生活についての本を
　　まとめた。

　　　1 問わず　　　2 ふまえて　　　3 中心にして　　　4 もとにして

(5) 彼は2年間失業している________、資格を2つ取った。

　　　1 ばかりに　　　2 たびに　　　3 うちに　　　4 どうりに

(6) その議員は首相に気に入られた________、大臣にまでなった。

　　　1 ように　　　2 かわりに　　　3 おかげで　　　4 うちに

(7) 調査が進む________、地震の被害が深刻であることが分かってきた。

　　　1 につれて　　　2 一方で　　　3 従って　　　4 反面で

(8) 仕事と結婚を両立させようという女性________、託児所の不足は大きな問
　　題だと思われる。

　　　1 にしては　　　2 によると　　　3 によって　　　4 にとって

(9) 友達を駅まで送っていった________、駅前のスーパーで買い物をして
きた。

　　　1 ながら　　　2 かたがた　　　3 がてら　　　4 ついでに

(10) この液体は時間が経つに________、色が青くなる。

　　　1 問わずに　　　2 従って　　　3 代わって　　　4 共に

3 次の文の________にはどんな言葉を入れたらよいか。1・2・3・4から最も
適当なものを一つ選びなさい。

(1) 東京は物価が高いと聞いていたが、なるほど________。

　　　1 安かった　　　2 高くなかった　　　3 高い　　　4 安い

(2) 彼は私の婚約者のつもりでいるようだが、私は彼と________。

　　　1 結婚するつもりだ　　　　　　2 結婚するかも知れない
　　　3 結婚しなかった　　　　　　　4 結婚するつもりはない

(3) こんな問題よく考え________。

　　　1 てもわかったのだ　　　　　　2 てもわからなかったのに
　　　3 たらわかったのに　　　　　　4 たらわからなかったのに

(4) 戦争が始まり、やむを得ず＿＿＿＿＿＿という事態になることを私達は恐れて
いる。

　　1 核が使える　　　　　　　　2 核兵器をやめる
　　3 核戦争の　　　　　　　　　4 核兵器が使われる

(5) 親子の断絶ということがよく言われるが、これは何も＿＿＿＿＿＿。

　　1 最近始まったことだ　　　　　　2 最近始まったことではない
　　3 最近特に言われることだ　　　　4 最近特には言われない

(6) 静かにしなさい。病院では大きい声で話す＿＿＿＿＿＿。
　　1 ことはありません　　　　　　2 もではありません
　　3 わけでわありません　　　　　4 はずではありません

▪ 第3回 ▪

---

1 次の文の＿＿＿＿にはどんな言葉を入れたらよいか。1・2・3・4から最も
適当なものを一つ選びなさい。

(1) 雨が降らない＿＿＿＿、買い物に行ったほうがいいよ。

    1 ように　　2 うちに　　3 までに　　4 たびに

(2) 終電もバスもないから、タクシーを利用する＿＿＿＿ね。

    1 ほかない　　2 ちがいない　　3 かねない　　4 はずがない

(3) 今日のテニスの練習はつらくて泣きたい＿＿＿＿だった。

    1 まで　　2 つもり　　3 くらい　　4 うえ

(4) たとえお金に＿＿＿＿親に頼ることはしたくない。

    1 困っても　　2 困ったら　　3 困るなら　　4 困ると

(5) 嫌なことがあると、お酒を飲まない＿＿＿＿。

    1 ほうがいい　　　　　　2 よりしかたがない
    3 ことになっている　　　4 ではいられない

(6) 彼とは高校を卒業＿＿＿＿一度も会っていない。

    1 したところ　　　2 したうえで　　　3 したいものなら　　　4 していらい

(7) 忘れ物を取りに帰っていた＿＿＿＿だから、遅くなってしまいました。

    1 もの　　　2 こと　　　3 まで　　　4 より

(8) この会は年齢＿＿＿＿問わず、どなたでもご参加いただけます。

    1 に　　　2 が　　　3 を　　　4 で

(9) レポートが3つも残っているから、温泉＿＿＿＿。

    1 わけがない　　　2 しかない　　　3 どころではない　　　4 ようがない

(10) カナダ人の友人ができたからか、最近私の英語は上達＿＿＿＿と思う。

    1 しかねない　　　2 するわけがない　　　3 しつつある　　　4 しっこない

(11) 全力で戦わない＿＿＿＿、次の対戦相手には勝てはないだろう。

    1 きっかけで　　　2 かぎり　　　3 あまり　　　4 ように

(12) でき＿＿＿＿ことすべてをやって負けたのだから、悔しくはない。

    1 かけの　　　2 っぽい　　　3 得る　　　4 かねる

(13) さっき雨が＿＿＿＿かと思ったらまたすぐに降り出した。

　　　1 やもう　　　2 やんで　　　3 やむ　　　4 やんだ

(14) この1か月忙しい日が続いたからか＿＿＿＿気味だ。

　　　1 疲れる　　　2 疲れた　　　3 疲れ　　　4 疲れない

(15) 日本語の教科書には新聞などを外国人＿＿＿＿編集した読み物が使われて

いる。

　　　1 向けに　　　2 契機に　　　3 基づいた　　　4 ために

(16) 風邪をひいていた＿＿＿＿休むなら電話しなさいよ。

　　　1 だけあって　　　2 おかげで　　　3 にしろ　　　4 としたら

(17) 私も早く 結婚したい＿＿＿＿だ。

　　　1 もの　　　2 こと　　　3 ところ　　　4 がち

(18) 毎日料理を作っている＿＿＿＿電子レンジを使ってできる簡単なむのばか

りだ。

　　　1 にしては　　　2 だらけ　　　3 さえ　　　4 ほど

(19) 悪い仲間を抜ける勇気________あれば、こんな事件を起こすことはなかっ
たのに。

1 なんか　　　2 だらけ　　　3 さえ　　　4 ほど

(20) 今日の授業は先ほどお渡したプリントに________進めます。

1 おいて　　　2 あって　　　3 伴って　　　4 沿って

2 次の文のに________はどんな言葉を入れたらよいか。1・2・3・4から最も
適当なものを一つ選びなさい。

(1) 私________一番　大切なものは家族です。

1 にとって　　　2 として　　　3 に対して　　　4 によって

(2) 授業が終わり________、連絡します。

1 とたん　　　2 次第　　　3 ばかりに　　　4 うえに

(3) 彼女はチームのキャプテン________毎日がんばって練習しています。

1 にとって　　　2 によって　　　3 に対して　　　4 として

(4) 授業が終わった________、彼は教室から出ていった。
　　　1 次第　　　2 とたん　　　3 うえに　　　4 ばかりに

(5) 同じ料理でも作る人________味が違う。

　　　1 によって　　　2 にとって　　　3 として　　　4 に対して

(6) 私たちは日本の若者100人________簡単なアンケート調査を行った。

　　　1 に対して　　　2 によって　　　3 にとって　　　4 として

(7) 彼は留学生________日本語学校で勉強しています。
　　　1 として　　　2 によって　　　3 に対して　　　4 にとって

(8) 桜の花は日本人________春を象徴する花である。

　　　1 によって　　　2 に対して　　　3 として　　　4 にとって

(9) はじめて会った人________失礼なことを言ってはいけません。
　　　1 にとって　　　2 として　　　3 によって　　　4 に対して

(10) このビルは有名な建築家________設計された。

　　　1 に対して　　　2 によって　　　3 として　　　4 にとって

3 次の文の＿＿＿＿＿にはどんな言葉を入れたらよいか。1・2・3・4から最も
適当なものを一つ選びなさい。

(1) ひと休して＿＿＿＿＿教科書がないことに気がついた。

　　1 すると、勉強しようと思って
　　2 ついに、勉強したら
　　3 結局、勉強を始めるところで
　　4 さて、勉強を始めようと思ったら

(2) 会社の実力者だった父親が亡くなると、彼はたちまち＿＿＿＿＿。

　　1 社長になりたいと思っていた
　　2 会社の大改革が始まる
　　3 重役の座を追われてしまった
　　4 経営方針を再検討している

(3) 来年は大学受験だから＿＿＿＿＿。

　　1 今、遊んだばかりだ
　　2 遊ぶばかりになっている
　　3 遊んでばかりはいられない
　　4 遊んでばかりいる

(4) このところ高級ワインの売れ行きが伸びているそうだ。しかも＿＿＿＿＿＿。

　　1　去年ほどは売れないらしい

　　2　値段が高いものほどよく売れるらしい

　　3　十万円以上のものはあまり売れない

　　4　十万円以下のものがよく売れている

(5) 実現の難しい夢なんですが、なんとかして＿＿＿＿＿＿。

　　1　世界一周ができてうれしいです

　　2　世界一周は無理でした

　　3　世界一周はできないんじゃないでしょうか

　　4　世界一周ができないかと思っています

(6) あの心の優しい田村さんに限って人を傷つけることなんか＿＿＿＿＿＿。

　　1　言うわけはありません
　　2　言うこともあるかもしれません
　　3　言わないとも限りません
　　4　言うべきではありません

3級　問題

▪ 第1回 ▪

1 次の文の＿＿＿＿にはどんな言葉を入れたらよいか。1・2・3・4から最も
適当なものを一つ選びなさい。

(1) 子供が熱を出したんだけど、もうくすりを＿＿＿＿からだいじょうぶだと
　　思うわ。
　　　1 飲んでやった　　　2 飲まれた　　　3 飲ませた　　　4 飲ませられた

(2) ハイキングに行くつもりだったのに、雨に＿＿＿＿行けませんでした。
　　　1 ふっていて　　　2 ふらせて　　　3 ふって　　　4 ふられて

(3) れいぞうこに＿＿＿＿ビール、知らない？
　　　1 ひやしておいた　　　　2 ひやしてきた
　　　3 ひやしてみた　　　　　4 ひやしていた

(4) 子供の＿＿＿＿大人のようなことを言う。
　　　1 ため　　　2 くせに　　　3 まま　　　4 せいで

(5) こんどのしけん＿＿＿＿いいのになあ。

    1 やさしいから   2 やさしいので
    3 やさしくて   4 やさしかったら

(6) お飲み物は何に＿＿＿＿か。

    1 めしあがりますか   2 いたされますか
    3 なさいますか   4 いたします

(7) まだ熱いので、少し＿＿＿＿飲んでください。

    1 さましてから   2 さましたり   3 さめていると   4 さますと

(8) つくってみた＿＿＿＿あまりうまくできなかった。

    1 しかし   2 でも   3 ところで   4 けれど

(9) この本ならあそこでただで＿＿＿＿よ。

    1 もらえます   2 やります   3 くれられます   4 あげます

(10) この時計はお父さんにかって＿＿＿＿。

    1 くださいました   2 いました
    3 もらいました   4 くれました

1 次の文の________にはどんな言葉を入れたらよいか。1・2・3・4から最も適当なものを一つ選びなさい。

(1) こんなにやさしい問題は子供________できます。
　　1 ほど　　　2 こそ　　　3 なら　　　4 でも

(2) 田中さんは　中村さんが________らしい。
　　1 すきな　　　2 すき　　　3 すきです　　　4 すきだ

(3) このじしょは私の誕生日に先生がプレゼントして________ものです。
　　1 くださった　　　2 さしあげた　　　3 いただいた　　　4 もらった

(4) 明日の朝七時に私を________ください。
　　1 おこさせて　　　2 おこって　　　3 おこして　　　4 おきて

(5) ________お礼の手紙を書くつもりです。
　　1 とんで　　　2 はやく　　　3 ちょっと　　　4 さっそく

(6) あなたは英語が________か。

　　1 話してます　　　2 話させます　　　3 話されます　　　4 話せます

(7) この本は読めば読む________おもしろくなります。

　　1 なら　　　2 と　　3 ほど　4 くらい

(8) 先生はうちの父を________か。

　　1 ぞんじになる　　2 ぞんじています　　3 ごぞんじです　　4 ぞんじます

(9) ゼンさんは外国人________とても日本語がじょうずだ。

　　1 けれど　　　2 で　　　　3 ながら　　4 のに

(10) 父はいま仕事から________ばかりです。

　　1 かえって　　　　2 かえった　　　　3 かえる　　　　　4 かえり

▪ 第 3 回 ▪

1 次の文の に＿＿＿＿＿はどんな言葉を入れたらよいか。1・2・3・4から最も
適当なものを一つ選びなさい。

(1) だいぶ日本語が＿＿＿＿＿と思います。
　　1 うまくなる　　　　　2 うまくした
　　3 うまくならない　　　4 うまくなった

(2) 母はいま買い物に行って＿＿＿＿＿。
　　1 おいでです　　2 あります　　3 おります　　4 いらっしゃいます

(3) 飛行機は三時ですから　二時＿＿＿＿＿行かなければなりません。
　　1 までに　　2 まで　　3 から　　4 より

(4) 窓のガラスがわれて＿＿＿＿＿よ。
　　1 あげます　　2 みます　　3 います　　4 あります

(5) このかばんはおもくて＿＿＿＿＿にくいです。
　　1 もち　　2 もて　　3 もって　　4 もつ

(6) きっぷは＿＿＿＿＿＿＿にかっておいてください。

　　　1 早く　　　　2 早め　　　　3 早い　　　　4 早さ

(7) 大切なものですから＿＿＿＿＿＿＿ようにきをつけてください。

　　　1 なくさない　　　2 なくす　　　3 なくならない　　　4 なくなる

(8) 日本語が＿＿＿＿＿＿＿ようになりました。

　　　1 話す　　　　2 話せる　　　3 話して　　　4 話せば

(9) あなたに＿＿＿＿＿＿＿いちばんたいせつなものは何ですか。

　　　1 ついて　　　2 よって　　　3 とって　　　4 よれば

(10) 田中さんはもうすぐここへ＿＿＿＿＿＿＿はずです。

　　　1 来る　　　　2 来ます　　　3 来　　　4 来ている

▪ 第４回 ▪

---

1 次の文の＿＿＿＿＿にはどんな言葉を入れたらよいか。1・2・3・4から最も
適当なものを一つ選びなさい。

(1) かいものを＿＿＿＿＿うちに、雨がやみました。
　　　1 した　　　2 している　　　3 する　　　4 していた

(2) お酒を＿＿＿＿＿すぎないようにしてください。
　　　1 のむ　　　2 のまない　　　3 のんで　　　4 のみ

(3) 今日はお金をもって＿＿＿＿＿でした。
　　　1 おきません　　　2 みません　　　3 来ません　　　4 ありません

(4) 花子さんは、あたまも＿＿＿＿＿とても びじんです。
　　　1 いいし　　　2 いいと　　　3 よかったり　　　4 いいのに

(5) このもんだいは、わたしには少し＿＿＿＿＿すぎます。
　　　1 むずかしくて　　　2 むずかし　　　3 むずかしく　　　4 むずかしい

(6) もしもし。…… はい、吉田で________。
　　1 ございます　　2 もうします　　3 おられます　　4 いらっしゃいます

(7) わたしのしゅみは、きってを________ことです。
　　1 あつまって　　2 あつまる　　3 あつめて　　4 あつめる

(8) きのうは一日中雨でした。________どこへもいきませんでした。
　　1 たとえ　　2 それで　　3 しかし　　4 そして

(9) 今日のしけんは________むずかしかった。
　　1 ずっと　　2 そんなに　　3 あまり　　4 かなり

(10) かれはあしたようじがあって________そうです。
　　1 くれない　　2 こられる　　3 こさせる　　4 こられない

▪ 第５回 ▪

---

1 次の文の＿＿＿＿にはどんな言葉を入れたらよいか。１・２・３・４から最も
適当なものを一つ選びなさい。

(1) ははは、かんごふ＿＿＿＿しています。
　　　１ が　　２ を　　３ に　　４ で

(2) でんしゃに　まにあわなかったのは　あさねぼうをした＿＿＿＿です。
　　　１ ので　　２ こと　　３ から　　４ の

(3) このしゅくだいは、らいしゅうまでにして＿＿＿＿ください。
　　　１ みて　　２ いて　　３ おいて　　４ あって

(4) このふくは、かみ＿＿＿＿できています。
　　　１ が　　２ で　　３ に　　４ と

(5) このもんだいは１じかんで＿＿＿＿はいけません。
　　　１ やる　　２ やらない　　３ やらないで　　４ やらなくて

(6) 先生は10時ごろ大学に________なります。

　　1 おついてに　　　2 おつきに　　　3 おつかれに　　　4 おつくに

(7) 日本はアメリカ________大きくないです。

　　1 ように　　　2 くらい　　　3 より　　　4 ほど

(8) ともだちが来るのでビールを________おきましょう。

　　1 ひやして　　　2 ひやせば　　　3 ひえると　　　4 ひえて

(9) 田中さんが________このてがみをわたしてください。

　　1 来たら　　　2 来ると　　　3 来れば　　　4 来ても

(10) 明日はしけんがある________今日おそくまでべんきょうします。

　　1 うえに　　　2 のに　　　3 ので　　　4 ために

MEMO NOTE

일본어능력시험의 성패여부는 어휘에 달려있다고 해도 과언이 아니다.

이 부분은 주로 한자어의 よみがな를 묻는 문제, よみがな가 주어지고 올바른 한자를 고르게 하는 문제, 同音이지만 서로 다른 한자를 고르는 문제 등이 자주 출제되며 어느 경우든 한자를 등한시하고는 득점할 수 없는 상황이다. 일반적으로 1급 지망생의 경우는 한자 2,000자에 어휘 10,000개 정도의 실력이 있어야 가능하다고 보고 있을 정도로 일본어 공부에서 어휘력 양성은 문법보다도 어쩌면 더욱 중요한 절박한 과제임에는 틀림없다. 수업현장에서 문자·어휘 공부는 아래 제시한 단어를 스스로 찾아보고 외우게 하는게 효과적이라고 본다.

한글세대인 학습자들을 위해 한자음을 한국음으로 표기해두었으니 사전 찾는 일을 번거러워 하지말고 반드시 찾아서 괄호 속에 집어넣고 외울 것을 권한다.

전자사전 시대에 사전 찾는 일은 그다지 어려운 일이 아니라고 본다. 단순히 문제풀이 책에 나온 정도의 단어를 4지 선다형에서 고르는 훈련을 하지말고 힘들더라도 일일이 써봄으로써 탁음과 촉음, 장음에 대한 감각도 익힐 수 있다고 본다. 이런 차원에서 문자·어휘 부분에서는 기존 문제지처럼 4지 선다형 문제는 제시하지 않으며 일본어를 정석으로 배우는 자세로 15회에 걸쳐 제시한 부분에 대해 반드시 쓰면서 익힐 것을 권장하는 바이다.

∷ 1) 1급 시험에 잘나오는 동사 120개 (1)

	単語	よみがな	意味		単語		意味
1	改める		고치다	21	侮る		깔보다
2	奏でる		연주하다	22	湿る		축축해지다
3	秀でる		뛰어나다	23	著す		저술하다
4	提げる		손에들다	24	犯す		범하다
5	妨げる		방해하다	25	浸す		담그다
6	企てる		꾀하다	26	催す		개최하다
7	隔てる		사이에두다	27	施す		베풀다
8	免れる		면하다	28	耕す		경작하다
9	育む		육성하다	29	促す		촉진하다
10	慰める		위로하다	30	放す		놓다
11	占める		차지하다	31	志す		지망하다
12	覚める		잠이깨다	32	兆す		징조가보이다
13	承る		삼가듣다	33	唆す		꼬드기다
14	怠る		게을리하다	34	侵す		침범하다
15	陥る		빠지다	35	覆る		뒤집히다
16	滞る		밀리다	36	余る		남다
17	連なる		줄지어잇닿다	37	養う		양육하다
18	迫る		강요하다	38	保つ		유지하다
19	募る		모집하다	39	練る		다듬다
20	焦る		초조해하다	40	茂る		무성하다

• 1급 시험에 잘나오는 동사 120개 (2)

	単語	よみがな	意味		単語	よみがな	意味
41	営む		운영하다	61	慎む		삼가다
42	背ける		외면하다	62	拒む		거부하다
43	設ける		설치하다	63	潜む		숨다
44	怠ける		게으르다	64	臨む		임하다
45	用いる		이용하다	65	報いる		보답하다
46	強いる		강요하다	66	占う		점치다
47	費やす		소비하다	67	導く		인도하다
48	卸す		도매하다	68	率いる		인솔하다
49	試す		시험하다	69	顧みる		회고하다
50	記す		기록하다	70	抑える		억제하다
51	肥やす		살찌우다	71	備える		대비하다
52	裁く		심판하다	72	訴える		호소하다
53	欺く		기만하다	73	衰える		쇠약해지다
54	赴く		여가다	74	鍛える		단련하다
55	省く		생략하다	75	凍える		얼어붙다
56	築く		쌓다	76	蓄える		저축하다
57	乾く		마르다	77	携える		휴대하다
58	担ぐ		메다	78	欠ける		결여되다
59	稼ぐ		벌다	79	装う		치장하다
60	防ぐ		막다	80	狙う		노리다

	単語	よみがな	意味		単語	よみがな	意味
81	滴る		떨어지다	101	償う		보상하다
82	誤る		실수하다	102	繕う		꿰매다
83	断る		거절하다	103	叱る		혼내다
84	障る		지장이있다	104	剃る		깎다
85	異なる		다르다	105	揃える		갖추다
86	被る		입다. 받다	106	溜る		쌓이다
87	偽る		속이다	107	呟く		투덜거리다
88	操る		조종하다	108	撫でる		쓰다듬다
89	奪う		빼앗다	109	濡れる		젖다
90	倣う		따르다	110	睨む		노려보다
91	担う		짊어지다	111	覗く		엿보다
92	培う		배양하다	112	呪う		저주하다
93	競う		겨루다	113	這う		기어가다
94	損なう		해치다	114	腫れる		붓다
95	伴う		수반하다	115	吠える		짖다
96	疑う		의심하다	116	蒔く		씨뿌리다
97	失う		잃다	117	貰う		받다
98	補う		보충하다	118	蘇る		소생하다
99	潤う		촉촉하다	119	蹴る		발로 차다
100	漂う		떠돌다	120	憧れる		동경하다

	単語	よみがな	意味		単語	よみがな	意味
1	険しい		험하다	21	紛らわしい		헷갈리다
2	鈍い		둔하다	22	煩わしい		번거롭다
3	鋭い		날카롭다	23	瑞瑞しい		싱싱하다
4	羨ましい		부럽다	24	甚だしい		대단하다
5	等しい		똑같다	25	夥しい		엄청나다
6	貧しい		가난하다	26	喧しい		시끄럽다
7	快い		기분좋다	27	悩ましい		고통스럽다
8	著しい		현저하다	28	眩しい		눈부시다
9	潔い		깨끗하다	29	煙たい		거북하다
10	乏しい		모자라다	30	細かい		잘다
11	望ましい		바람직하다	31	浅ましい		비열하다
12	相応しい		어울리다	32	脆い		무르다
13	待遠しい		기다려지다	33	清々しい		상쾌하다
14	目覚ましい		훌륭하다	34	図々しい		뻔뻔스럽다
15	逞しい		힘차다	35	見苦しい		보기흉하다
16	嫌らしい		불쾌감이들다	36	華々しい		화려하다
17	好ましい		바람직하다	37	悪どい		악랄하다
18	馴れ馴れしい		친한척하다	38	渋い		떫다
19	心細い		불안하다	39	緩い		느슨하다
20	久しい		오래되다	40	若々しい		젊디젊다

• 1급 시험에 잘나오는 형용동사 40개

	単語	よみがな	意味		単語	よみがな	意味
1	滑らかだ		순조롭다	21	新ただ		새롭다
2	盛んだ		번성하다	22	惨めだ		비참하다
3	愚かだ		어리석다	23	柔らかだ		부드럽다
4	細やかだ		세밀하다	24	巧みだ		능란하다
5	清らかだ		맑다	25	猛烈だ		맹렬하다
6	爽やかだ		상쾌하다	26	大胆だ		대담하다
7	和やかだ		부드럽다	27	長閑かだ		한가하다
8	緩やかだ		완만하다	28	流暢だ		유창하다
9	疎かだ		소홀하다	29	賑やかだ		번화하다
10	鮮やかだ		선명하다	30	稀だ		드물다
11	微かだ		희미하다	31	無茶だ		당치않다
12	明らかだ		분명하다	32	臆病だ		겁이많다
13	哀れだ		가련하다	33	手頃だ		걸맞다
14	穏やかだ		온화하다	34	素直だ		순진하다
15	軽やかだ		가뿐하다	35	自分勝手だ		제멋대로다
16	速やかだ		신속하다	36	器量だ		재능이뛰어나다
17	朗らかだ		명랑하다	37	無駄だ		쓸데없다
18	確かだ		확실하다	38	不気味だ		불안하다
19	平らかだ		평평하다	39	結構だ		충분하다
20	健やかだ		건강하다	40	下品だ		품위없다

⁛ 3) 비슷한 발음 명사 300개

<제1회>
 ① 土壌(토양) - 同乗(동승   )
 ② 夕刊(석간) - 予感(예감   )
 ③ 陰性(음성) - 印象(인상   )
 ④ 事件(사건) - 実験(실험   )
 ⑤ 会見(회견) - 経験(경험   )
 ⑥ 会長(회장) - 改造(개조   )
 ⑦ 海水(해수) - 回数(회수   )
 ⑧ 改修(개수) - 解消(해소   )
 ⑨ 開業(개업) - 概況(개황   )
 ⑩ 海流(해류) - 改良(개량   )

<제2회>
 ① 吸収(흡수) - 救出(구출   )
 ② 司志(사법) - 志望(지망   )
 ④ 高校(고교) - 航空(항공   )
 ⑤ 取得(취득) - 習得(습득   )
 ⑥ 終了(종료) - 少量(소량   )
 ⑦ 国家(국가) - 効果(효과   )
 ⑧ 教科書(교과서) - 許可証(허가증)
 ⑨ 代価(대가) - 退化(퇴화   )
 ⑩ 避難(피난) - 美男(미남   )

<제3회>

1. 合格(합격   ) - 語学(어학   )
2. 呼吸(호흡   ) - 故郷(고향   )
3. 視線(시선   ) - 自然(자연   )
4. 地球(지구   ) - 支給(지급   )
5. 採算(채산   ) - 精算(정산   )
6. 漢方(한방   ) - 願望(원망   )
7. 候補(후보   ) - 広報(광보   )
8. 充電(충전   ) - 重点(중점   )
9. 惰性(타성   ) - 耐性(내성   )
10. 相乗(상승   ) - 想像(상상   )

<제4회>

1. 吸収(흡수   ) - 救出(구출   )
2. 四方(사방   ) - 死亡(사망   )
3. 意志(의지   ) - 維持(유지   )
4. 技師(기사   ) - 記事(기사   )
5. 祖母(조모   ) - 初歩(초보   )
6. 主語(주어   ) - 集合(집합   )
7. 国旗(국기   ) - 古稀(고희   )
8. 駆使(구사   ) - 腰(요   )
9. 角度(각도   ) - 格闘(격투   )
10. 帽子(모자   ) - 法師(법사   )

<제5회>

①　苦情(고정　　　　　) - 苦笑(고소　　　　　)
②　教養(교양　　　　　) - 共有(공유　　　　　)
③　就学(취학　　　　　) - 収穫(수확　　　　　)
④　構造(구조　　　　　) - 工場(공장　　　　　)
⑤　登山(등산　　　　　) - 倒産(도산　　　　　)
⑥　正解(정해　　　　　) - 整形(정형　　　　　)
⑦　固体(고체　　　　　) - 交代(교대　　　　　)
⑧　古代(고대　　　　　) - 固定(고정　　　　　)
⑨　絹糸(견사　　　　　) - 原子(원자　　　　　)
⑩　銀糸(은사　　　　　) - 禁止(금지　　　　　)

<제6회>

①　進行(진행　　　　　) - 信号(신호　　　　　)
②　親愛(친애　　　　　) - 新案(신안　　　　　)
③　実態(실태　　　　　) - 辞退(사퇴　　　　　)
④　握手(악수　　　　　) - 悪臭(악취　　　　　)
⑤　一周(일주　　　　　) - 一種(일종　　　　　)
⑥　価値(가치　　　　　) - 火事(화사(불)　　　　　)
⑦　開国(개국　　　　　) - 警告(경고　　　　　)
⑧　困難(곤난　　　　　) - 混乱(곤란　　　　　)
⑨　先進(선진　　　　　) - 前進(전진　　　　　)
⑩　性格(성격　　　　　) - 声楽(성악　　　　　)

<제7회>

　① 辞典(사전　　　　) - 自転(자전　　　)
　② 字数(자수　　　　) - 指数(지수　　　)
　③ 思想(사상　　　　) - 市場(시장　　　)
　④ 孤独(고독　　　　) - 講読(강독　　　)
　⑤ 課長(과장　　　　) - 好調(호조　　　)
　⑥ 強盗(강도　　　　) - 行動(행동　　　)
　⑦ 純情(순정　　　　) - 順調(순조　　　)
　⑧ 出願(출원　　　　) - 習慣(습관　　　)
　⑨ 自明(자명　　　　) - 氏名(씨명　　　)
　⑩ 正字(정자　　　　) - 生死(생사　　　)

<제8회>

　① 主題(주제　　　　) - 主体(주체　　　)
　② 受動(수동　　　　) - 柔道(유도　　　)
　③ 紹介(소개　　　　) - 生涯(생애　　　)
　④ 少女(소녀　　　　) - 症状(증상　　　)
　⑤ 偽造(위조　　　　) - 偽装(위장　　　)
　⑥ 議席(의석　　　　) - 奇跡(기적　　　)
　⑦ 極端(극단　　　　) - 驚嘆(경탄　　　)
　⑧ 部下(부하　　　　) - 物価(물가　　　)
　⑨ 清掃(청소　　　　) - 聖書(성서　　　)
　⑩ 証明(증명　　　　) - 聡明(총명　　　)

<제9회>

　① 需要(수요　　　　　) - 重要(중요　　　　　)
　② 急性(급성　　　　　) - 救済(구제　　　　　)
　③ 滑走(활주　　　　　) - 仮装(가장　　　　　)
　④ 干渉(간섭　　　　　) - 観衆(관중　　　　　)
　⑤ 乾燥(건조　　　　　) - 簡素(간소　　　　　)
　⑥ 勧誘(권유　　　　　) - 慣用(관용　　　　　)
　⑦ 後悔(후회　　　　　) - 誤解(오해　　　　　)
　⑧ 厳密(엄밀　　　　　) - 幻滅(환멸　　　　　)
　⑨ 方策(방책　　　　　) - 不作(불작　　　　　)
　⑩ 有事(유사　　　　　) - 融資(융자　　　　　)

<제10회>

　① 悪用(악용　　　　　) - 悪友(악우　　　　　)
　② 委任(위임　　　　　) - 委員(위원　　　　　)
　③ 違反(위반　　　　　) - 違法(위법　　　　　)
　④ 握力(악력(쥐는힘)) - 圧力(압력　　　　　)
　⑤ 移転(이전　　　　　) - 遺伝(유전　　　　　)
　⑥ 偉大(위대　　　　　) - 遺体(유체(시체)　　)
　⑦ 安静(안정　　　　　) - 安全(안전　　　　　)
　⑧ 安置(안치　　　　　) - 暗示(암시　　　　　)
　⑨ 夫妻(부처　　　　　) - 風災(풍재　　　　　)
　⑩ 保管(보관　　　　　) - 法官(법관　　　　　)

<제11회>
  ① 異状(이상　　　　) - 移住(이주　　　　)
  ② 一定(일정　　　　) - 一帯(일대　　　　)
  ③ 意図(의도　　　　) - 移動(이동　　　　)
  ④ 運用(운용　　　　) - 運輸(운수　　　　)
  ⑤ 映像(영상　　　　) - 永住(영주　　　　)
  ⑥ 演技(연기　　　　) - 延期(연기　　　　)
  ⑦ 援助(원조　　　　) - 延長(연장　　　　)
  ⑧ 温泉(온천　　　　) - 音声(음성　　　　)
  ⑨ 最新(최신　　　　) - 才人(재인　　　　)
  ⑩ 中世(중세　　　　) - 調整(조정　　　　)

<제12회>
  ① 簡単(간단　　　　) - 元旦(원단　　　　)
  ② 危険(위험　　　　) - 期限(기한　　　　)
  ③ 時間(시간　　　　) - 実感(실감　　　　)
  ④ 給与(급여　　　　) - 休養(휴양　　　　)
  ⑤ 金庫(금고　　　　) - 銀行(은행　　　　)
  ⑥ 交渉(교섭　　　　) - 故障(고장　　　　)
  ⑦ 経営(경영　　　　) - 敬遠(경원　　　　)
  ⑧ 交流(교류　　　　) - 合流(합류　　　　)
  ⑨ 捜査(조사　　　　) - 捜索(수색　　　　)
  ⑩ 正気(정기　　　　) - 蒸気(증기　　　　)

<제13회>
① 価格(가격   ) - 科学(과학   )
② 外貨(외화   ) - 開化(개화   )
③ 看護(간호   ) - 頑固(완고   )
④ 下降(하강   ) - 化合(화합   )
⑤ 菓子(과자   ) - 餓死(아사   )
⑥ 合唱(합창   ) - 合奏(합주   )
⑦ 活動(활동   ) - 格闘(격투   )
⑧ 価値(가치   ) - 合致(합치   )
⑨ 施設(시설   ) - 時節(시절   )
⑩ 受領(수령   ) - 推量(추량   )

<제14회>
① 解雇(해고   ) - 介護(개호   )
② 過去(과거   ) - 加工(가공   )
③ 過小(과소   ) - 過剰(과승   )
④ 現象(현상   ) - 現状(현상   )
⑤ 決行(결행   ) - 結合(결합   )
⑥ 残忍(잔인   ) - 残念(잔념(유감)   )
⑦ 還元(환원   ) - 歓迎(환영   )
⑧ 環境(환경   ) - 頑強(완강   )
⑨ 措置(조치   ) - 処置(처치   )
⑩ 接待(접대   ) - 絶対(절대   )

<제15회>
① 発見(발견　　　　　) - 派遣(파견　　　　　)
② 訂正(정정　　　　　) - 提唱(제창　　　　　)
③ 定住(정주　　　　　) - 定収(정수　　　　　)
④ 統制(통제　　　　　) - 同姓(동성　　　　　)
⑤ 精神(정신　　　　　) - 成人(성인　　　　　)
⑥ 倉庫(창고　　　　　) - 総合(종합　　　　　)
⑦ 模倣(모방　　　　　) - 定収(정수　　　　　)
⑧ 方向(방향　　　　　) - 宝庫(보고　　　　　)
⑨ 内蔵(내장　　　　　) - 内情(내정　　　　　)
⑩ 良好(양호　　　　　) - 旅行(여행　　　　　)

1) 동음 다의어

	よみがな	漢字	意味		よみがな	漢字	意味
1	いいん	*委員 *医院	위원 의원	16	かんせん	*幹線 *感染 *観戦	간선 감염 관전
2	いぎ	*異議 *意義	이의 의의	17	かてい	*過程 *仮定 *家庭 *課程	과정 가정 가정 과정
3	いじ	*維持 *意地	유지 고집	18	かんかく	*間隔 *感覚	간격 감각
4	いぜん	*依然 *以前	의연 이전	19	かんご	*漢語 *看護	한어 간호
5	いっさい	*一切 *一歳	일체 1세	20	かんこう	*完工 *慣行 *刊行 *観光	완공 관행 간행 관광
6	いど	*緯度 *井戸	위도 우물	21	かんしゅう	*慣習 *観衆 *監修	관습 관중 감수
7	いらい	*依頼 *以来	의뢰 이래	22	かんしょう	*干渉 *鑑賞	간섭 감상
8	いりょう	*医療 *衣料	의료 옷재료	23	かんじょう	*勘定 *感情	계산 감정
9	かいしゅう	*回収 *改修	회수 개수	24	かんせい	*歓声 *完成 *感性	환성 완성 감성
10	かいせい	*改正 *快晴	개정 쾌청	25	かんせん	*観戦 *幹線	관전 간선
11	かいだん	*階段 *会談	계단 회담	26	かんそう	*乾燥 *感想	건조 감상
12	がいとう	*該当 *街頭	해당 가두	27	かんよう	*肝要 *寛容 *慣用	간요 관용 관용
13	かいほう	*解放 *介抱 *開放	해방 간호 개방	28	かんりょう	*官僚 *完了	관료 완료
14	かくしん	*革新 *確信 *核心	혁신 확신 핵심	29	かんわ	*漢和 *緩和	한화 (중국,일본) 완화
15	かこう	*加工 *下降 *火口	가공 하강 화구	30	きかん	*器官 *機関 *期間	기관 기관 기간

	よみがな	漢字	意味		よみがな	漢字	意味
1	ききん	*寄金 *基金 *飢饉	기부금 기금 기근	16	きんし	*近視 *禁止	근시 금지
2	きけん	*棄権 *危険	기권 위험	17	けいい	*敬意 *経緯	경의 경위
3	きげん	*起源 *期限	기원 기한	18	けいかい	*軽快 *警戒	경쾌 경계
4	きこう	*気候 *機構	기후 기구	19	けいじ	*掲示 *刑事 *啓示	게시 형사 계시
5	きじ	*生地 *記事	옷감 기사	20	けいたい	*形態 *携帯	형태 휴대
6	きしょう	*起床 *気象 *稀少	기상 기상 희소	21	けっかん	*血管 *欠陥	혈관 결함
7	きゅうそく	*休息 *急速	휴식 급속	22	けっこう	*決行 *結構 *欠航	결행 좋음 결항
8	きゅうりょう	*丘陵 *給料	구릉 급료	23	けっしょう	*結晶 *決勝	결정 결승
9	きょうか	*強化 *教科	강화 교과	24	げんこう	*現行 *原稿 *言行	현행 원고 언행
10	きょうかい	*境界 *協会 *教会	경계 협회 교회	25	げんし	*原子 *原始	원자 원시
11	きょうぎ	*競技 *協議	경기 협의	26	げんしょう	*減少 *現象	감소 현상
12	きょうじゅ	*享受 *教授	향수 교수	27	げんてん	*減点 *原点 *原典	감점 원점 원전
13	きょうしゅう	*教習 *郷愁	교습 향수	28	けんめい	*懸命 *賢明	열심히 현명
14	きょうちょう	*協調 *強調	협조 강조	29	こうい	*行為 *好意 *厚意	행위 호의 후의
15	きんこう	*均衡 *近郊	균형 근교	30	こうえん	*公園 *公演	공원 공연

	よみがな	漢字	意味		よむがな	漢字	意味
1	こうか	*効果 *高価	효과 고가	16	こうよう	*公用 *紅葉	공용 단풍
2	こうがい	*郊外 *公害	교외 공해	17	こうりつ	*効率 *公立	효율 공립
3	こうぎ	*講義 *抗議 *広義	강의 항의 광의	18	さいきん	*最近 *細菌	최근 세균
4	こうきょう	*公共 *好況	공공 호황	19	さいさん	*採算 *再三	채산 재삼
5	こうさく	*交錯 *工作	교착 공작	20	さいしゅう	*最終 *採集	최종 채집
6	こうしょう	*交渉 *考証	교섭 고증	21	さんか	*参加 *酸化	참가 산화
7	こうせい	*構成 *校正 *公正	구성 교정 공정	22	さんせい	*賛成 *酸性	찬성 산성
8	こうそう	*高層 *構想	고층 구상	23	しかく	*資格 *視覚	자격 시각
9	こうそく	*拘束 *高速	구속 고속	24	しき	*四季 *指揮	사계 지휘
10	こうたい	*交代 *交替	교대 교체	25	じき	*時期 *磁気	시기 자기
11	こうてい	*肯定 *工程	긍정 공정	26	しきゅう	*至急 *支給	지급 지급
12	こうとう	*口頭 *高騰	구두 고등, 앙등	27	じこ	*事故 *自己	사고 자기
13	こうはい	*後輩 *荒廃	후배 황폐	28	しこう	*思考 *試行	사고 시행
14	こうひょう	*公表 *好評	공표 호평	29	してん	*支店 *視点	지점 시점
15	こうふく	*幸福 *降伏	행복 항복	30	じどう	*児童 *自動	아동 자동

	よみがな	漢字	意味		よみがな	漢字	意味
1	しぼう	*志望 *死亡 *脂肪	지망 사망 지방	16	しんせい	*申請 *新生	신청 신생
2	しめい	*氏名 *指名 *使命	씨명 지명 사명	17	しんちょう	*慎重 *身長	신중 신장
3	しゅうかん	*週間 *習慣	주간 습관	18	すいせん	*推薦 *水洗	추천 물세척
4	しゅうし	*収支 *修士	수지 석사	19	せいかく	*性格 *正確	성격 정확
5	しゅうしょく	*就職 *修飾	취직 수식	20	せいき	*正規 *世紀	정규 세기
6	じゅうたい	*渋滞 *重態	정체 중태	21	せいさん	*生産 *精算	생산 정산
7	しゅし	*趣旨 *種子	취지 종자	22	せいし	*制止 *生死	제지 생사
8	しよう	*使用 *止揚	사용 지양	23	せいそう	*清掃 *正装	청소 정장
9	しょうがい	*障害 *生涯 *傷害	장해 생애 상해	24	せいとう	*正当 *正答 *政党	정당 정답 정당
10	しょうてん	*商店 *焦点	상점 촛점	25	せいめい	*姓名 *生命 *声明	성명 생명 성명
11	しょうにん	*承認 *商人	승인 상인	26	せんこう	*専攻 *線香 *先行	전공 선향 선행
12	しょうめい	*証明 *照明	증명 조명	27	ぜんしん	*前進 *全身	전진 전신
13	じょし	*助詞 *女子	조사 여자	28	せんせい	*先生 *先制	선생 선제
14	しんこう	*進行 *振興	진행 진흥	29	せんたく	*選択 *洗濯	선택 세탁
15	しんこく	*深刻 *申告	심각 신고	30	せんとう	*先頭 *戦闘 *銭湯	선두 전투 공중탕

	よみがな	漢字	意味		よみがな	漢字	意味
1	そうさ	*捜査 *操作	조사 조작	16	どうよう	*同様 *童謡	같음 동요
2	そうさく	*創作 *捜索	창작 수색	17	はいけい	*拝啓 *背景	배계 배경
3	そうぞう	*創造 *想像	창조 상상	18	はんえい	*繁栄 *反映	번영 반영
4	たいか	*退化 *対価	퇴화 대가	19	ひなん	*避難 *非難	피난 비난
5	たいせい	*体制 *耐性	체제 내성	20	ふくし	*副詞 *福祉	부사 복지
6	たんか	*単価 *短歌	단가 단가	21	ふごう	*符号 *富豪	부호 부호
7	ちゅうしゃ	*注射 *駐車	주사 주차	22	ふさい	*夫妻 *負債	부처 부채
8	ちゅうしょう	*抽象 *中傷	추상 중상	23	へいき	*平気 *兵器	태연 병기
9	ていか	*低下 *定価	저하 정가	24	へいこう	*平行 *平衡	평행 평형
10	てんかい	*展開 *転回	전개 전회	25	ほうがく	*方角 *法学	방위 법학
11	てんこう	*天候 *転向	날씨 전향	26	ほうさく	*豊作 *方策	풍작 방책
12	でんせん	*伝染 *電線	전염 전선	27	ぼうし	*帽子 *防止	모자 방지
13	でんとう	*電灯 *伝統	전등 전통	28	ほうそう	*放送 *包装	방송 포장
14	どうし	*動詞 *同士	동사 동지	29	ほしょう	*補償 *保障	보상 보장
15	どうじょう	*同情 *道場 *同乗	동정 도장 동승	30	ゆうかん	*夕刊 *勇敢	석간 용감

1. 비지니스·경제 관련 단어

価(가)	物価(ぶっか 물가)、原価(げんか 원가)、定価(ていか 정가)、価格(かかく 가격)
株(주)	株主(かぶぬし 주주)、株式(かぶしき 주식)、株価(かぶか 주가)
給(급)	給料(きゅうりょう 급료)、支給(しきゅう 지급)、昇給(しょうきゅう 승급)、給与(きゅうよ 급여)、初任給(しょにんきゅう 초임금)、有給(ゆうきゅう 유급)
業(업)	営業(えいぎょう 영업)、企業(きぎょう 기업)、業者(ぎょうしゃ 업자)、業界(ぎょうかい 업계)、事業(じぎょう 사업)、商業(しょうぎょう 상업)、残業(ざんぎょう 잔업)、失業(しつぎょう 실업)、実業(じつぎょう 실업)
金(금)	金利(きんり 금리)、預金(よきん 예금)、貯金(ちょきん 저금)、現金(げんきん 현금)
勤(근)	勤務(きんむ 근무)、出勤(しゅっきん 출근)、欠勤(けっきん 결근)、通勤(つうきん 통근)
経(경)	経済(けいざい 경제)、経営(けいえい 경영)、経費(けいひ 경비)
財(재)	財政(ざいせい 재정)、財源(ざいげん 재원)、財産(ざいさん 재산)、財務(ざいむ 재무)
算(산)	予算(よさん 예산)、決算(けっさん 결산)、採算(さいさん 채산)、計算(けいさん 계산)
資(자)	投資(とうし 투자)、資本(しほん 자본)、資金(しきん 자금)、資産(しさん 자산)、外資(がいし 외자)
支(지)	支出(ししゅつ 지출)、支社(ししゃ 지사)、支店(してん 지점)、支払(しはらい 지불)
収(수)	収入(しゅうにゅう 수입)、収支(しゅうし 수지)、買収(ばいしゅう 매수)、収益(しゅうえき 수익)、領収(りょうしゅう 영수)
職(직)	職業(しょくぎょう 직업)、職場(しょくば 직장)、就職(しゅうしょく 취직)、退職(たいしょく 퇴직)、辞職(じしょく 사직)
組(조)	組織(そしき 조직)、組合(くみあい 조합)、労組(ろうそ 노조)

賃(임)	賃上(ちんあげ 임금인상)、賃金(ちんぎん 임금)、運賃(うんちん 운임)
値(치)	高値(たかね 상종가)、安値(やすね 하종가)、終値(おわりね 종가)、 底値(そこね 최저가)
売(매)	売上(うりあげ 매상)、小売(こうり 소매)、販売(はんばい 판매)、 卸売(おろしうり 도매)
費(비)	費用(ひよう 비용)、消費(しょうひ 소비)、交際費(こうさいひ 교제비)
利(리)	利回(りまわり 이율)、利子(りし 이자)、利潤(りじゅん 이윤)、 利益(りえき 이익)、利率(りりつ 이율)
労(로)	労働(ろうどう 노동)、労使(ろうし 노사)、勤労(きんろう 근로)
その他	景気(けいき 경기)、市場(いちば 시장)、相場(そうば 시세)、 輸入(ゆにゅう 수입)、輸出(ゆしゅつ 수출)、供給(きょうきゅう 공급)、 需要(じゅよう 수요)、貿易(ぼうえき 무역)、貨幣(かへい 화폐)、 取引(とりひき 거래)、出納(すいとう 출납)、証券(しょうけん 증권)、 請求書(せいきゅうしょ 청구서)

2. 정치 관련 단어

閣(각)	内閣(ないかく 내각)、閣僚(かくりょう 각료)、組閣(そかく 조각)、 閣議(かくぎ 각의)
革(혁)	改革(かいかく 개혁)、革新(かくしん 혁신)、保革(ほかく 보혁)、 革命(かくめい 혁명)
官(관)	官房(かんぼう 관방)、官僚(かんりょう 관료)、官庁(かんちょう 관청)、 官公庁(かんこうちょう 관공청)
議(의)	議会(ぎかい 의회)、議員(ぎいん 의원)、議長(ぎちょう 의장)、 衆議院(しゅうぎいん 중의원)、参議院(さんぎいん 참의원)、 議案(ぎあん 의안)、審議(しんぎ 심의)
協(협)	協力(きょうりょく 협력)、協定(きょうてい 협정)、妥協(だきょう 타협)
決(결)	可決(かけつ 가결)、秘訣(ひけつ 비결)、議決(ぎけつ 의결)、 決定(けってい 결정)
権(권)	権利(けんり 권리)、政権(せいけん 정권)、棄権(きけん 기권)、 有権者(ゆうけんしゃ 유권자)、権限(けんげん 권한)

交(교)	交流(こうりゅう 교류)、考証(こうしょう 고증)、外交(がいこう 외교)、 国交(こっこう 국교)
国(국)	国家(こっか 국가)、国際(こくさい 국제)、国境(こっきょう 국경)、 諸国(しょこく 제국)、国連(こくれん 국제연합)、国会(こっかい 국회)
省(성)	運輸省(うんゆしょう 운수성)、大蔵省(おおくらしょう 대장성)、 外務省(がいむしょう 외무성)、法務省(ほうむしょう 법무성)、 郵政省(ゆうせいしょう 우정성)、文部省(もんぶしょう 문부성)、 通産省(つうさんしょう 통산성)、厚生省(こうせいしょう 후생성)
正(정)	改正(かいせい 개정)、修正(しゅうせい 수정)、補正(ほせい 보정)
政(정)	政治(せいじ 정치)、政府(せいふ 정부)、行政(ぎょうせい 행정)、 政策(せいさく 정책)、政界(せいかい 정계)
税(세)	税金(ぜいきん 세금)、所得税(しょとくぜい 소득세)、納税(のうぜい 납세)、 直接税(ちょくせつぜい 직접세)、間接税(かんせつぜい 간접세)、 消費税(しょうひぜい 소비세)
選(선)	選挙(せんきょ 선거)、当選(とうせん 당선)、落選(らくせん 낙선)
党(당)	政党(せいとう 정당)、与党(よとう 여당)、野党(やとう 야당)
任(임)	就任(しゅうにん 취임)、辞任(じにん 사임)、責任(せきにん 책임)
派(파)	派閥(はばつ 파벌)、右派(うは 우파)、左派(さは 좌파)、派遣(はけん 파견)
票(표)	一票(いっぴょう 한표)、投票(とうひょう 투표)、開票(かいひょう 개표)、 浮動票(ふどうひょう 부동표)
法(법)	法案(ほうあん 법안)、法律(ほうりつ 법률)、憲法(けんぽう 헌법)、 法規(ほうき 법규)
民(민)	国民(こくみん 국민)、民主主義(みんしゅしゅぎ 민주주의)、 自民党(じみんとう 자민당)、難民(なんみん 난민)
約(약)	条約(じょうやく 조약)、公約(こうやく 공약)
その他	大臣(だいじん 대신)、予算(よさん 예산)、首相(しゅしょう 수상)、 首脳(しゅのう 수뇌)、賛成(さんせい 찬성)、援助(えんじょ 원조)、 候補(こうほ 후보)、折衝(せっしょう 절충)、対策(たいさく 대책)

3. 문화·교육 관련 단어

演(연)	演劇(えんげき 연극)、出演(しゅつえん 출연)、演奏(えんそう 연주)
画(화)	絵画(かいが 회화)、画家(がか 화가)、版画(はんが 판화)、映画(えいが 영화)、画廊(がろう 화랑)、壁画(へきが 벽화)
学(학)	進学(しんがく 진학)、入学試験(にゅうがくしけん 입학시험)、学者(がくしゃ 학자)、学歴(がくれき 학력)、学部(がくぶ 학부)、学科(がっか 학과)、退学(たいがく 퇴학)、留学(りゅうがく 유학)、奨学(しょうがく 장학)、就学(しゅうがく 취학)
教(교)	教育制度(きょういくせいど 교육제도)、教員(きょういん 교원)、義務教育(ぎむきょういく)의무교육、教授(きょうじゅ 교수)、教材(きょうざい 교재)、教養(きょうよう 교양)、宗教(しゅうきょう 종교)、仏教(ぶっきょう 불교)
芸(예)	芸術(げいじゅつ 예술)、芸能(げいのう 예능)、陶芸(とうげい 도예)
議(의)	講義(こうぎ 강의)、講師(こうし 강사)、講堂(こうどう 강당)
士(사)	学士(がくし 학사)、修士(しゅうし 석사)、博士(はかせ 박사)、武士道(ぶしどう 무사도)
書(서)	教科書(きょうかしょ 교과서)、参考書(さんこうしょ 참고서)、願書(がんしょ 원서)、証明書(しょうめいしょ 증명서)書道(しょどう 서예)
道(도)	茶道(さどう 차도)、華道(かどう 꽃꽂이)、神道(しんとう 신도)
文(문)	文学(ぶんがく 문학)、文化(ぶんか 문화)、論文(ろんぶん 논문)、文楽(ぶんらく 분라쿠)、文化財(ぶんかざい 문화재)
立(입)	国立(こくりつ 국립)、公立(こうりつ 공립)、都立(とりつ 도립)、府立(ふりつ 부립)、県立(けんりつ 현립)、市立(しりつ 시립)、私立(しりつ 사립)
その他	登校拒否(とうこうきょひ 등교거부)、定時制(ていじせい 정시제)、専攻(せんこう 전공)、保護(ほご 보호)、成績(せいせき 성적)、施設(しせつ 시설)、歌舞伎(かぶき 가부키)、能(のう 노)、狂言(きょうげん 쿄오겐)、彫刻(ちょうこく 조각)、国宝(こくほう 국보)、短歌(たんか 단가)、俳句(はいく 하이쿠)、伝統(でんとう 전통)将棋(しょうぎ 장기)、囲碁(いご 바둑)

4. 산업 관련 단어

機(기)	機械(きかい 기계)、機器(きき 기기)、機材(きざい 기재)
業(업)	産業(さんぎょう 산업)、農業(のうぎょう 농업)、林業(りんぎょう 임업)、 水産業(すいさんぎょう 수산업)、漁業(ぎょぎょう 어업) 工業(こうぎょう 공업)、工場(こうじょう 공장)、 軽工業(けいこうぎょう 경공업)
工(공)	重工業(じゅうこうぎょう 중공업)
産(산)	産業(さんぎょう 산업)、生産物(せいさんぶつ 생산물)、 国産(こくさん 국산)、農産物(のうさんぶつ 농산물)
電(전)	電気(でんき 전기)、電力(でんりょく 전력)、発電(はつでん 발전)、 電子(でんし 전자)
農(농)	農家(のうか 농가)、農地(のうち 농지)、農村(のうそん 농촌)、 農薬(のうやく 농약)
品(품)	食品(しょくひん 식품)、薬品(やくひん 약품)、製品(せいひん 제품)、 商品(しょうひん 상품)
物(물)	穀物(こくもつ 곡물)、水産物(すいさんぶつ 수산물)、 物流(ぶつりゅう 물류)、織物(おりもの 직물)、 産業廃棄物(さんぎょうはいきぶつ 산업폐기물)
量(량)	消費量(しょうひりょう 소비량)、大量(たいりょう 대량)、 使用量(しようりょう 사용량)
料(료)	食料(しょくりょう 식료)、飼料(しりょう 사료)、燃料(ねんりょう 연료)、 肥料(ひりょう 비료)
その他	収穫(しゅうかく 수확)、割合(わりあい 비율)、保護(ほご 보호)、 基準(きじゅん 기준)、検査(けんさ 검사)、関税(かんぜい 관세)、 金属(きんぞく 금속)、科学(かがく 과학)、資源(しげん 자원)、 開発(かいはつ 개발)、装置(そうち 장치)、 技術革新(ぎじゅつかくしん 기술혁신)、半導体(はんどうたい 반도체)

5. 스포츠 · 오락 관련 단어

館(관)	映画館(えいがかん 영화관)体育館(たいいくかん 체육관)、 博物館(はくぶつかん 박물관)、旅館(りょかん 여관)
観(관)	観光(かんこう 관광)、観劇(かんげき 관극)、観賞(かんしょう 관상)
球(구)	球技(きゅうぎ 구기)、球場(きゅうじょう 구장)、野球(やきゅう 야구)、 球団(きゅうだん 구단)
競(경)	競争(きょうそう 경쟁)、競技(きょうぎ 경기)、競馬(けいば 경마)、 競輪(けいりん 경륜)
勝(승)	勝負(しょうぶ 승부)、決勝(けっしょう 결승)、優勝(ゆうしょう 우승)、 全勝(ぜんしょう 전승)
席(석)	座席(ざせき 좌석)、指定席(していせき 지정석)、 自由席(じゆうせき 자유석)、満席(まんせき 만석)、空席(くうせき 빈자리)
選(선)	選手(せんしゅ 선수)、選手権大会(せんしゅけんだいかい 선수권대회)、 予選(よせん 예선)
体(체)	体力(たいりょく 체력)、体育(たいいく 체육)、体操(たいそう 체조)
判(판)	判定(はんてい 판정)、審判(しんぱん 심판)
遊(유)	遊園地(ゆうえんち 유원지)、遊技施設(ゆうぎしせつ 유기시설)、 周遊券(しゅうゆうけん 주유권)、遊覧船(ゆうらんせん 유람선)
その他	対抗試合(たいこうじあい 대항시합)、相撲(すもう 스모)、 力士(りきし 역사)、土俵(どひょう 씨름판)、柔道(じゅうどう 유도)、 空手(からて 공수도)、剣道(けんどう 검도)、釣(つり 낚시)、 趣味(しゅみ 취미)、人気(にんき 인기)、流行(りゅうこう 유행)、 落語(らくご 만담)、温泉(おんせん 온천)

6. 의료·복지 관련 단어

科(과)	外科(げか 외과)、 内科(ないか 내과)、 歯科(しか 치과)、 眼科(がんか 안과)、 耳鼻科(じびか 이비과)、 産婦人科(さんふじんか 산부인과)、 小児科(しょうにか 소아과)
血(혈)	血圧(けつあつ 혈압)、 血液型(けつえきがた 혈액형)、 輸血(ゆけつ 수혈)、 献血(けんけつ 헌혈)、 出血(しゅっけつ 출혈)
者(자)	医者(いしゃ 의사)、 患者(かんじゃ 환자)、 障碍者(しょうがいしゃ 장해자)、 未成年者(みせいねんしゃ 미성년자)、 高齢者(こうれいしゃ 고령자)、 浮浪者(ふろうしゃ 부랑자)
診(진)	診察(しんさつ 진찰)、 診療(しんりょう 진료)、 往診(おうしん 왕진)、 診断(しんだん 진단)
臓(장)	心臓(しんぞう 심장)、 肝臓(かんぞう 간장)、 腎臓(じんぞう 신장)
痛(통)	頭痛(ずつう 두통)、 腹痛(ふくつう 복통)、 胃痛(いつう 위통)、 鎮痛剤(ちんつうざい 진통제)
毒(독)	中毒(ちゅうどく 중독)、 消毒(しょうどく 소독)、 解毒(げどく 해독)
保(보)	健康保険(けんこうほけん 건강보험)、 生命保険(せいめいほけん 생명보험)、 失業保険(しつぎょうほけん 실업보험)、 社会保険(しゃかいほけん 사회보험)
その他	看護(かんご 간호)、 骨折(こっせつ 골절)、 検査(けんさ 검사)、 手術(しゅじゅつ 수술)、 熱(ねつ 열)、 症状(しょうじょう 증상)、 風邪(かぜ 감기)、 救急車(きゅうきゅうしゃ 구급차)、 抗生物質(こうせいぶっしつ 항생물질)、 処方(しょほう 처방)、 年金(ねんきん 연금)、 寿命(じゅみょう 수명)

7. 교통 · 통신 · 매스컴 관련 단어

運(운)	運転(うんてん 운전)、運転免許証(うんてんめんきょしょう 운전면허증)、 運賃(うんちん 운임)、運輸(うんゆう 운수)
券(권)	乗車券(じょうしゃけん 승차권)、回収券(かいしゅうけん 회수권)、 定期券(ていきけん 정기권)、指定券(していけん 지정권)、 航空券(こうくうけん 항공권)
車(차)	乗用車(じょうようしゃ 승용차)、自家用車(じかようしゃ 자가용차)、 車道(しゃどう 차도)、駐車(ちゅうしゃ 주차)、乗車(じょうしゃ 승차)、 下車(げしゃ 하차)、列車(れっしゃ 열차)、 各駅停車(かくえきていしゃ 각역정차)
線(선)	幹線(かんせん 간선)、新幹線(しんかんせん 신간선)、線路(せんろ 선로)、 脱線(だっせん 탈선)
送(송)	国内線(こくないせん 국내선)、国際線(こくさいせん 국제선)、 内線(ないせん 내선)、輸送(ゆそう 수송)、放送局(ほうそうきょく 방송국)、 生放送(なまほうそう 생방송)、中継放送(ちゅうけいほうそう 중계방송)、 送信(そうしん 송신)
通(통)	交通標識(こうつうひょうしき 교통표시)、 交通機関(こうつうきかん 교통기관)、不通(ふつう 불통)、 一方通行(いっぽうつうこう 일방통행)、通信(つうしん 통신)、 通話(つうわ 통화)
鉄(철)	私鉄(してつ 사철)、地下鉄(ちかてつ 지하철)、鉄道(てつどう 철도)、 鉄橋(てっきょう 철교)
道(도)	近道(ちかみち 지름길)、回(まわり 주변)、片道(かたみち 편도)、 国道(こくどう 국도)、歩道橋(ほどうきょう 육교)、 横断歩道(おうだんほどう 횡단보도)、高速道路(こうそくどうろ 고속도로)、 有料道路(ゆうりょうどうろ 유료도로)
報(보)	電報(でんぽう 전보)、情報(じょうほう 정보)、報道(ほうどう 보도)、 情報社会(じょうほうしゃかい 정보사회)
その他	街(まち 거리)、長距離通話(ちょうきょりつうわ 장거리통화)、 離着陸(りちゃくりく 이착륙)、渋滞(じゅうたい 정체)、違反(いはん 위반)、 取締(とりしまり 단속)、到着(とうちゃく 도착)、記者(きしゃ 기자)、 取材(しゅざい 취재)、三面記事(さんめんきじ 삼면기사)、見出(みだし 견출) 投書(とうしょ 투서)、社説(しゃせつ 사설)、週刊誌(しゅうかんし 주간지)、 録画(ろくが 녹화)、録音(ろくおん 녹음)、宣伝(せんでん 선전)

8. 경찰·사법 관련 단어

害(해)	損害(そんがい 손해)、被害者(ひがいしゃ 피해자)、障害(しょうがい 장해)
警(경)	警察署(けいさつしょ 경찰서)、警官(けいかん 경관)、警視庁(けいしちょう 경시청)、警部(けいぶ 경부)、警報器(けいほうき 경보기)
刑(형)	刑事(けいじ 형사)、刑法(けいほう 형법)、求刑(きゅうけい 구형)、死刑(しけい 사형)、刑務所(けいむしょ 형무소)
検(검)	検事(けんじ 검사)、検挙(けんきょ 검거)、検視(けんし 검시)、検察庁(けんさつちょう 검찰청)、送検(そうけん 송검)
拘(구)	拘束(こうそく 구속)、拘置(こうち 구치)、勾留(こうりゅう 구류)
告(고)	原告(げんこく 원고)、被告(ひこく 피고)、告発(こくはつ 고발)、宣告(せんこく 선고)、
罪(죄)	犯罪(はんざい 범죄)、無罪(むざい 무죄)、有罪(ゆうざい 유죄)、余罪(よざい 여죄)、傷害罪(しょうがいざい 상해죄)、詐欺罪(さぎざい 사기죄)
殺(살)	殺人(さつじん 살인)、自殺(じさつ 자살)、絞殺(こうさつ 교살)、殺意(さつい 살의)、暗殺(あんさつ 암살)
収(수)	押収(おうしゅう 압수)、没収(ぼっしゅう 몰수)、買収(ばいしゅう 매수)、贈収賄(ぞうしゅうわい 증수회)
証(증)	証人(しょうにん 증인)、証言(しょうげん 증언)、証拠(しょうこ 증거)、現場検証(げんばけんしょう 현장검증)
訴(소)	訴訟(そしょう 소송)、起訴(きそ 기소)、告訴(こくそ 고소)、公訴(こうそ 공소)、勝訴(しょうそ 승소)、敗訴(はいそ 패소)
盗(도)	盗(ぬすみ 도둑)、強盗(ごうとう 강도)、窃盗(せっとう 절도)、盗難(とうなん 도난)、犯人(はんにん 범인)
犯(범)	犯行(はんこう 범행)、犯罪(はんざい 범죄)、殺人犯(さつじんはん 살인범)、共犯(きょうはん 공범)、主犯(しゅはん 주범)、防犯(ぼうはん 방범)、現行犯(げんこうはん 현행범)
判(판)	判決(はんけつ 판결)、裁判(さいばん 재판)、公判(こうはん 공판)、判事(はんじ 판사)
法(법)	司法(しほう 사법)、法律(ほうりつ 법률)、民法(みんぽう 민법)、刑法(けいほう 형법)、法廷(ほうてい 법정)
その他	捜査(そうさ 조사)、保釈(ほしゃく 보석)、執行猶予(しっこうゆうよ 집행유예)、辯護(べんご 변호)、容疑(ようぎ 용의)、自供(じきょう 자백)、摘発(てきはつ 적발)、逮捕(たいほ 체포)、暴行(ぼうこう 폭행)、脅迫(きょうはく 협박)、汚職(おしょく 오직, 독직)、指紋(しもん 지문)、横領(おうりょう 횡령)、人質(ひとじち 인질)、否認(ひにん 부인)

9. 자연 · 재해 · 공해 관련 단어

火(화)	火災(かさい 화재)、 出火(しゅっか 발화지점)、 消化(しょうか 소화)、 火山(かざん 화산)、 噴火(ふんか 분화)
壊(괴)	破壊(はかい 파괴)、 崩壊(ほうかい 붕괴)、 全壊(ぜんかい 전괴)
害(해)	災害(さいがい 재해)、 冷害(れいがい 냉해)、 被害(ひがい 피해)、 公害(こうがい 공해)、 損害(そんがい 손해)
気(기)	気象庁(きしょうちょう 기상청)、 気温(きおん 기온)、 天気図(てんきず 일기도)、 低気圧(ていきあつ 저기압)、 高気圧(こうきあつ 고기압)、 排気ガス(はいき 배기가스)
事(사)	火事(かじ 불)、 事故(じこ 사고)、 惨事(さんじ 참사)
者(자)	死者(ししゃ 사망자)、 生存者(せいぞんしゃ 생존자)、 犠牲者(ぎせいしゃ 희생자)、 負傷者(ふしょうしゃ 부상자)、 行方不明者(ゆくえふめいしゃ 행방불명자)
震(진)	地震(じしん 지진)、 震度(しんど 진도)、 震源(しんげん 진원)、 弱震(じゃくしん 약진)、 強震(きょうしん 강진)
水(수)	水質(すいしつ 수질)、 洪水(こうずい 홍수)、 浸水(しんすい 침수)、 水害(すいがい 수해)
その他	避難(ひなん 피난)、 遭難(そうなん 조난)、 汚染(おせん 오염)、 騒音(そうおん 소음)、 光化学(こうかがく 광화학)、 スモッグ(스모그)、 環境(かんきょう 환경)、 保護(ほご 보호)、 捜査(そうさ 수사)、 衝突(しょうとつ 충돌)、 墜落(ついらく 추락)、 緊急(きんきゅう 긴급)、 救助(きゅうじょ 구조)、 復旧(ふっきゅう 복구)、 台風(たいふう 태풍)

10. 군사・군대 관련 단어

艦(함)	軍艦(ぐんかん 군함)、艦船(かんせん 함선)、艦隊(かんたい 함대)、 戦艦(せんかん 전함)、潜水艦(せんすいかん 잠수함)、 空港母艦(くうこうぼかん 항공모함)
軍(군)	軍事(ぐんじ 군사)、軍備(ぐんび 군비)、陸軍(りくぐん 육군)、 海軍(かいぐん 해군)、空軍(くうぐん 공군)、軍隊(ぐんたい 군대)、 軍縮(ぐんしゅく 군축)、軍需(ぐんじゅ 군수)、将軍(しょうぐん 장군)
戦(전)	戦争(せんそう 전쟁)、核戦争(かくせんそう 핵전쟁)、内戦(ないせん 내전)、 作戦(さくせん 작전)、戦略(せんりゃく 전략)、休戦(きゅうせん 휴전)、 電車(でんしゃ 전차)、戦闘機(せんとうき 전투기)
爆(폭)	爆発(ばくはつ 폭발)、爆弾(ばくだん 폭탄)、爆撃(ばくげき 폭격)、 原水爆(げんすいばくだん 원수폭)
防(방)	防衛(ぼうえい 방위)、防御(ぼうぎょ 방어)、防備(ぼうび 방비)、 国防(こくぼう 국방)
兵(병)	兵器(へいき 병기)、兵隊(へいたい 병대)、兵役(へいえき 병역)、 徴兵(ちょうへい 징병)、核兵器(かくへいき 핵병기)
領(령)	領土(りょうど 영토)、占領(せんりょう 점령)、領空(りょうくう 영공)
力(력)	武力(ぶりょく 무력)、戦力(せんりょく 전력)、原子力(げんしりょく 원자력)
その他	縮小(しゅくしょう 축소)、拡大(かくだい 확대)、消滅(しょうめつ 소멸)、 制限(せいげん 제한)、交渉(こうしょう 교섭)、緊張(きんちょう 긴장)、 介入(かいにゅう 개입)、捕虜(ほりょ 포로)、撤退(てったい 철퇴)、 自衛隊(じえいたい 자위대)

<table>
<tr><th colspan="3">１・２級　カタカナ語彙</th></tr>
<tr><th>行</th><th>級</th><th>語　彙</th></tr>
<tr><td rowspan="2">ア</td><td>1</td><td>アイスクリーム　アイデア　アイロン　アウト　アクセサリー　アクセント　アジアアナウンサー　アパート　アフリカ　アメリカ　アルバイト　アルバム　アンテナ</td></tr>
<tr><td>2</td><td>アクセル　アップ　アプローチ　アマチュア　アラブ　アルカリ　アルコール　アルミアワー　アンケート　アンコール</td></tr>
<tr><td rowspan="2">イ</td><td>1</td><td>イコール　イメージ　インタビュー　インク</td></tr>
<tr><td>2</td><td>イエス　インテリ　インフォメーション　インフレ</td></tr>
<tr><td>ウ</td><td>1</td><td>ウィスキー　ウーマン　ウール　ウエートレス</td></tr>
<tr><td rowspan="2">エ</td><td>1</td><td>エスカレーター　エチケット　エネルギー　エプロン　エレベーター　エンジン</td></tr>
<tr><td>2</td><td>エアメール　エレガント　エンジニア</td></tr>
<tr><td rowspan="2">オ</td><td>1</td><td>オイル　オーケストラ　オートメーション　オートバイ　オーバー　オフィス　オルガン　オレンジ</td></tr>
<tr><td>2</td><td>オーケー　オートマチック　オープン　オーバーする　オリエンテーション　オンライン</td></tr>
<tr><td rowspan="2">カ</td><td>1</td><td>カー　カーテン　カード　カーブ　ガス　カセット　ガソリン　ガソリンスタンドカバー　ガム　カメラ　カラー　ガラス　カレンダー　カロリー</td></tr>
<tr><td>2</td><td>カーペット　ガイド　ガイドブック　カクテル　カット　カップ　カテゴリー　カムバックカメラマン　カルテ　カレー　ガレージ　カンニング</td></tr>
<tr><td rowspan="2">キ</td><td>1</td><td>ギター　キャプテン　ギャング　キャンパス　キャンプ　キロ(グラム・メート)</td></tr>
<tr><td>2</td><td>キャッチ　キャリア</td></tr>
<tr><td rowspan="2">ク</td><td>1</td><td>クーラー　クラシック　クラス　クラブ　グラフ　グラム　グランド　クリーニング　クリーム　クリスマス　グループ</td></tr>
<tr><td>2</td><td>クイズ　グレー　クレーン</td></tr>
<tr><td rowspan="2">ケ</td><td>1</td><td>ケーキ　ケース　ゲーム</td></tr>
<tr><td>2</td><td>ケース　ゲスト</td></tr>
</table>

コ	1	コース　コーチ　コート(coat,court)　コード　コーヒー　コーラス　ゴール　コック　コップ　コピー　コミュニケーション　ゴム　コレクション　コンクール　コンクリート　コンサート　コンセント　コンピューター
	2	コーナー　コマーシャル　コメント　コンタクト(レンズ)　コンテスト　コントラストコントロール　コンパス
サ	1	サークル　サイレン　サイン　サラダ　サラリーマン　サンダル　サンドイッチ　サンプル
	2	サイクル　サイズ　サンキュー　サンタクロース
シ	1	シーズン　シーツ　ジーンズ　ジェット機　ジャーナリスト　シャツ　シャッター　ジャムシャワー　ジュース　ショップ　シリーズ
	2	シート　ジーパン　システム　シック　シナリオ　ジャズ　ジャンパー　ジャンプ　ジャンボジャンル　ショー　ショック
ス	1	スイッチ　スーツ　スーツケース　スーパー(マーケット)スープ　スカート　スカーフ　スキー　スクール　スケート　スケジュール　スター　スタート　スタイル　スタンド　スチュワーデス　ステージ　ステレオ　ストーブ　ストッキング　ストップ　スピーカー　スピーチ　スピード　スプーン　スポーツ　ズボン　スマート　スライド　スリッパ
	2	スタジオ　スチーム　スト／ストライキ　ストレス　ストロー　ストロボ　スプリングスペース　スポーツカー　スラックス
セ	1	セーター　セット　ゼミ　セメント　ゼロ　センター　センチメートル
	2	セール　セクション　セックス　ゼリー　セレモニー　センス
ソ	1	ソファー
	2	ソース　ソックス　ソフト　ソロ
タ	1	タイプ　タイプライター　タイヤ　ダイヤ／ダイヤグラム　ダイヤ／ダイヤモンド　ダイヤル　タオル　タクシー　ダム　ダンス
	2	ダース　タイトル　タイピスト　タイマー　タイミング　タイム　タイムリー　タイルダウン　ダブル　タレント　タワー　ダンプ
チ	1	チーズ　チップ　チャンス　チョーク
	2	チームワーク　チェンジ　チャイム　チャンネル
テ	1	デート　テープ　テーブル　テープレコーダー　テーマ　テキスト　テスト　テニス　テニスコート　デパート　デモ　テレビ　テント　テンポ
	2	ティッシュペーパー　データ　デザイン　デコレーション　デザート　デッサン　デモンストレーション　テレックス

ト	1	ドア・ドアー　トイレ　トップ　ドライブ　トラック　ドラマ　トランプ　トレーニングドレス　トン　トンネル
	2	トーン　ドライ　ドライクリーニング　ドライバー　ドライブイン　トラブル　ドリルトランジスター
ナ	1	ナイフ　ナイロン　ナンバー
	2	ナイター　ナプキン　ナンセンス
ニ	1	ニュース
	2	ニュアンス　　ニュー
ネ	1	ネクタイ　ネックレス
	2	ネガ
ノ	2	ノー　ノート　ノック
	2	ノイローゼ
ハ	1	パーセント　パーティー　バイオリン　ハイキング　バイバイ　パイプ　パイロット　バケツ　バス　パス　パスポート　バター　パターン　バッグ　バランス　パン　ハンカチ　ハンサム　バンド　ハンド　バック　ハンドル
	2	バー　パート　パジャマ　バス(風呂)　パチンコ　バッジ　バッテリー　バット　パトカー　パパ　ハンガー　バンク　パンツ
ヒ	1	ピアノ　ビール　ピクニック　ピストル　ビタミン　ビデオ　ビニール　ビルディング　ピン　ピンク
	2	ビールス(ウィルス)　ビジネス　ヒント
フ	1	ファスナー　フィルム　プール　フォーク　フライパン　ブラウス　ブラシ　プラス　プラスチック　プラットフォーム　プラン　フリー　プリント　ブレーキ　プレゼント　プロ　ブローチ　プログラム
	2	ファイト　ファイル　ファン　フィルター　ブーツ　ブーム　フェリー　フォーム　ブザー　フロント
ヘ	1	ページ　ベッド　ベテラン　ヘリコプター　ベル　ベルト　ペン　ペンキ　ペンチ　ベンチ
	2	ペア　ペース　ベスト　ベストセラー
ホ	1	ボーイ　ボート　ボーナス　ホーム　ボール　ボールペン　ポケット　ポスター　ポストボタン　ホテル
	2	ボイコット　ポイント　ホース　ポーズ　ホール　ポジション　ポット　ボルト　ポンプ

マ	1	マーケット　マイク　マイナス　マスク　マスター　マッチ　マフラー　ママ　マラソン　マンション
	2	マーク　マイ〜　マイクロホン　マスコミ　マッサージ
ミ	1	ミシン　ミス　ミリ(メートル)　ミルク
	2	ミス(Miss)　ミスプリント　ミセス　ミュージック
ム	2	ムード
メ	1	メーター　メートル　メニュー　メモ　メンバー
	2	メーカー　メッセージ　メディア　メロディー
モ	1	モーター　モダン　モデル　モノレール
	2	モーテル　モニター
ヤ	2	ヤング
ユ	1	ユーモア
	2	ユニーク　ユニフォーム
ヨ	1	ヨーロッパ　ヨット
ラ	1	ライター　ラケット　ラジオ　ラッシュアワー　ランチ　ランニング
	2	ライス　ラベル　ランプ
リ	1	リズム　リットル　リボン
	2	リード
ル	2	ルーズ　ルール
レ	1	レインコート　レクリエーション　レコード　レジャー　レストラン　レベル　レポート　レンズ
	2	レース　レギュラー　レッスン　レディー　レバー　レンジ　レンタカー　レントゲン
ロ	1	ロケット　ロッカー　ロビー
	2	ロープウェイ　ロープ　ロマンチック
ワ	1	ワイシャツ　ワイン　ワンピース
	2	ワット

시험 대비용 기능어는 일본국제교육협회에서 제시하고있는 "일본어 능력시험 출제기준"의 <1급기능어> 및 <2급기능어> 분류기준에 따르되 형식명사부분이나 한국어 학습자들이 특별히 혼동하기 쉬운 어휘에 한해서는 별도로 박스 속에 예문을 제시하여 이해를 도왔다.

기능어란 일테면 숙어나 관용표현과 같으므로 제시하고 있는 예문과 더불어 확실히 외워두는게 시험대비는 물론 회화에도 도움이 될 것이다.

1) 1급 대비 기능어

1. ~あっての (~가 있고서 비로소 ~가 있다)

   * 今の私は剣道あっての私です。

   지금의 나는 검도가 있고서 비로소 내가 있다.

2. ~いかんだ <いかんで、いかんによっては、いかんによらず、かかわらず>
   (~여하에 달리다, ~여하에 따라, ~여하에 관계없이)

   > * 理由のいかんを問わず入学金は返却しません。
   > 이유여하를 불문하고 입학금은 반환하지 않습니다
   >
   > * 宣伝の仕方いかんで商品の売れ行きも違ってくる。
   > 선전 방법여하에 따라 상품 팔림새도 달라진다
   >
   > * 出席率いかんによっては進級できないこともあり得る。
   > 출석률 여하에 따라 진급 못할 수도 있다

> * 天候のいかんによらず明日の試合は決行します。
> 날씨와 관계없이 내일 시합은 결행한다
>
> * 経済状況のいかんにかかわらず支給されるそうです。
> 경제 상황에 관계없이 지급된다고 한다

3. ～う(意向形)が～まいが ＜～う(意向形)と～まいと＞(~하건 말건, 하든말든)
   * 彼が来ようが来まいが関係ない。
   그가 오건 말건 관계없다.

   * 人に迷惑をかけようとかけまいとわからない。

   남에게 피해를 주든 말든 모르겠다.

4. ～う(意向形)にも～ない(~려해도 할 수 없다)
   * 行こうにも行けない。
   가려해도 갈 수 없다

5. ～が最後(~가 마지막이다)

   * そんなことになったが最後
   그렇게 된 것이 마지막이다.

6. ～かたがた ＜=がてら＞(~겸해서)

> * 先輩が入院しているのでお見舞いかたがた試合の報告に行った。
> 선배가 입원하고 있기 때문에 병문안 겸 시합 보고를 위해 갔다.
>
> * 帰国したのでお礼かたがた先生のお宅に伺った。
> 귀국했기 때문에 인사겸 선생님 집을 방문했다.

* 食事がてら仕事の打ち合わせをしましょう。
식사겸해서 일에 대해 의논을 합시다.

* 運動がてら犬の散歩掛りを引き受けています。
운동겸해서 개의 산책 담당을 맡았다.

7. ~傍ら ＜~の一方で＞ (~하는 한편)

* 彼は銀行に勤める傍ら小説を書いているそうです。
그는 은행에 근무하는 한편 소설을 쓰고있다고 한다.

* 彼女は育児の傍ら通信教育で翻訳の勉強もしている。
그녀는 육아와 동시에(한편)통신교육으로 번역 공부를 하고 있다.

8. ~が早いか、~するなり、~や否や、~や、~たとたん、~たと思ったら、
~か~ないうちに、~でき次第、直ちに、そばから

(~하자마자, 하기무섭게, 곧바로, ~하는순간, ~하나했더니, 채 ~하기도 전에,
~즉시, ~대로 바로, ~즉각

* 殺人事件発生と聞くが早いか記者たちは部屋を飛び出していった。
살인사건 발생이라는 말을 듣기 무섭게 기자들은 방을 튀어 나갔다.

* 電車の中で席に座るや否や携帯電話でメールを打ち始める若者をよく
見かける。
전철 안에서 자리에 앉자마자 휴대폰으로 문자메시지를(메일)을 보내기
시작하는 젊은이가 눈에 자주 띈다.

* その歌手はデビューするやCDを600万枚も売って世間を驚かせた。
그 가수는 데뷔 하자마자 CD를 600만장 이나 팔아서 세상을 놀라게 했다.

* その小包は母が開けたとたん爆発したんです。
  그 소포는 엄마가 여는 순간 폭발했다.

* 大学に入るまでは一生懸命勉強するが入ったとたんに勉強しなくなる学生が多い。
  대학에 들어갈때까지는 열심히 공부하지만 대학에 들어간 순간 공부하지 않는 학생이 많다.

* 息子は学校から帰ってきたと思ったらもう外で遊んでいる。
  아들은 학교에서 돌아왔나 했더니 벌써 밖에서 놀고 있다.

* 早いものだね。この間入学したかと思ったらもう卒業だ。
  참 빠르군요. 저번에 입학한 것 같은데 벌써 졸업이니.

* 先生が問題を言い終わるか終わらないうちに生徒たちは答えを書き始めた。
  선생님이 문제를 채 말하기도 전에 학생들은 답을 쓰기 시작했다.

* バーゲン会場の入り口が開くか開かないのうちに客がいっせいに入ろうとし負傷者が出た。
  바겐세일장의 입구가 채 열리기도 전에 손님이 일제히 들어가려고해 부상자가 나왔다.

* 選手はゴーリインするなり、ばったり倒れてしまった。
  선수는 골인하자마자 픽 하고 쓰러져 버렸다.

* 彼女は夫の戦死の知らせを聞くなり、その場に泣崩れた。
  그녀는 남편의 전사 소식을 듣자마자 그 자리에서 울며 쓰러졌다.

* みなさん、準備ができ次第集合してください。
  여러분 준비 되는대로 집합해주세요.

* 雨がやみ次第出かけましょう。
  비가 그치는 대로 나갑시다.

　＊ 計画ができたら直ちに実行してください。
　　계획이 섰으면 즉시 실행해주세요.

　＊ 教えるそばから忘れてしまう。
　　가르치는 즉시 잊어버린다.

9.　～からある(~만큼의, 만큼이나 되는)

　＊ 50キロからあるバーベルを持ち上げた。
　　50키로나 되는 바벨을 들어 올렸다.

10.　～きらいがある(경향이 있다, 버릇이 있다)

　＊ 彼は人の意見を無視するきらいがある。
　　그는 사람을 무시하는 경향이 있다.

11.　～極まる/～極まりない ~하기 짝이없다

　＊ 目上の人に「何？」なんて 失礼極まる。
　　손위 사람에게 「무엇?」이라니 무엄하기짝이 없다.(실례가 극에 달하다)

　＊ あの先生の授業はただノートを読んでいるだけだから退屈極まりのない。
　　그 선생님 수업은 단지 노트를 읽고 있을뿐이라 지루하기 짝이 없다.

　＊ 進退極まる　　　：진퇴유곡
　＊ 感極まる　　　　：감격스럽기 짝이없다
　＊ 不愉快極まる　：불쾌하기 짝이없다
　＊ 不健全極まりない：불건전하기 짝이없다
　＊ 危険極まりない　：위험하기 짝이없다
　＊ 感激の極み　：감격한 나머지

12. ～ごとき/～ごとく (~같이, ~처럼)

* <u>彼ごとき</u>青二才_{あおにさい}はだめだ。

  그와 같은 풋내기는 안된다.

* <u>予想したごとく</u> 合格した。

  예상한 바 대로 합격했다.

13. ～始末_{しまつ}だ (~형국이다, 꼴이다)

* 妻_{つま}は家事_{かじ}を全然_{ぜんぜん}やらなくなり、最近では友達を連_つれてきて朝まで酒を飲む<u>始末_{しまつ}だ</u>。

  마누라는 집안일을 전연하지 않고 요즈음은 친구를 데려와 아침까지 술을 마시는 형국이다.

14. ～ずくめ (온통~일색이다)

* 彼は最近課長に昇進_{しょうしん}したし、結婚も決_きまったし、何もかもいいこと<u>ずくめ</u>だ。

  그는 최근 과장으로 승진했고, 결혼도 결정되는 등 뭐든지 좋은일 일색이다.

* 今日の彼女はセーターもパンツも全部黒_{くろ}<u>ずくめ</u>だ。

  오늘 그녀는 세타도 바지도 전부 검정 일색이다.

* 結構_{けっこう}<u>ずくめ</u>

  온통 좋은 일 뿐

	だらけ(투성이)	まみれ(범벅,투성이)	ずくめ(일색)
泥(흙)	○	○	×
汗(땀)	×	○	×
ほこり(먼지)	○	○	×
傷(상처)	○	×	×
血(피)	○	○	×
しわ(주름)	○	×	×
間違い(실수)	○	×	×
規則(규칙)	×	×	○
いいこと(좋은일)	×	×	○

15. ～ずにはおかない(반드시 ~한다. ~하지 않는 일은 절대 없다)

　　～ずにはいられない

　　(~하고 싶어 견딜 수 없다, ~하지 않고 배기지는 못할 것이다)

　　～ずにはすまない

　　(~은 피할 수 없다, 하지 않으면 문제는 해결되지 않을 것이다)

---

* 広島の原爆ドームは、見る人に戦争の恐怖と悲惨さを訴えずにはおかない。
　히로시마의 원폭돔은 보는 사람에게 전쟁의 공포와 비참함을 호소한다(안 할 수 없다)

* 万一 A国が B国に攻め込んだならA国も反撃せずにはおかないだろう。
　만일 A국이 B국에게 공격당한다면 A국도 반격하지 않을 수 없을 것이다.

* 雨の中で鳴いている猫をみて家に連れて帰らないではいられなかった。
　비속에 울고있는 고양이를 보고 집에 데리고 가지 않을 수 없었다.

* 取引先を怒らせてしまったのだから、部長ともども謝罪に行かずには
すまないだろう。
거래처를 화나게 했으니까 부장 등은 사죄를 하러 안갈 수 없을 것이다.

* 学校の先生を殴ったのだから何か罰を受けないではすまないだろう。
학교 선생님을 때렸으니까 뭔가 벌을 받지 않고는 안 될 것이다.

16.　～すら/～ですら ＜さえ、だに＞(~조차, 마저도)

* 教師ですら解けない問題が入試に出されることがある。
교사조차 풀지 못하는 문제가 입시에 나오는 경우가 있다.

* 両親すら知らせないで結婚する人も最近では少なくない。
부모님조차 알리지 않고 결혼하는 사람도 최근 적지 않다.

* 母は病気が重く水を飲むことさえできない。
어머니는 병환이 깊어 물조차 마시지 못한다.

* 現金がなくてもカードさえ持っていれば買い物も食事もできる。
현금이 없어도 카드만 갖고 있으면 쇼핑도 식사도 할 수 있다.

* あなたさえいれば何も要らない。
너만 있으면 아무 것도 필요없다.

* この過密都市東京で万一大地震が起ったら…。考えるだに恐ろしいこ
とだ。＜ 문장체적인 표현>
이 과밀도시 도쿄에서 만일 지진이라도 일어난다면…. 생각조차도 두려운
일이다.

* 想像するだに恐ろしい。
상상하기조차 두렵다.

17. ～ただ～のみ <ただ～のみならず, ただ～だけではなく>

（단지 ~만, 뿐만 아니라)）

* ただそれ<u>のみが</u>心配だ。
  단지 그것만이 걱정이다.

* ただソウル市民<u>のみならず</u>…。
  단지 서울시민 뿐만 아니라

* 人は顔がきれい<u>なだけではなく</u>、心も美しくなければならない。
  사람은 얼굴이 예쁠 뿐아니라 마음도 아름다워야한다.

18. ～たりとも(~라 할지라도, ~할 수 없다)

* (1円、一日、一瞬)たりとも
  1엔, 하루, 일순이라도

* 苦労してためたお金なのだから一円<u>たりとも</u>無駄には使えない。
  고생해서 모은 돈이니까 1엔이라도 함부로 쓸 수는 없다.

19. ～たる者(~인 만큼, ~이므로)

* <u>医者たる者</u>、正しい診断ができないようでは困る。
  의사인 만큼 바른 진단을 못하면 곤란하다.

* <u>政治家たる者</u>、国民の声をもっと聞くべきだ。
  정치가인 만큼 국민의 소리를 좀 더 들어야 할 것이다.

20. ～っぱなし(~한 채로)

* 玄関のドアは<u>開けっ放し</u>だ。
  현관은 늘 열어놓은 채다.

* 朝の電車はとても込んでいるから、ずっと立ちっぱなしだ。

아침 전철은 아주 붐벼서 언제나 선채로이다.

21. 〜でなくてなんだろう (〜가 아니고 뭐랴, 이거야말로 〜다)

* これが愛でなくてなんだろう。

이것이 사랑 아니고 무엇이랴.

* 一人の男の子をクラス全員が無視していた。これがいじめでなくてなんだ
ろう。

한 남자애를 반 전원이 무시하고 있다. 이것이 왕따 아니고 무엇이랴.

22. 〜ではあるまいし (〜도 아니면서, 〜도 아니고)

* 子供じゃあるまいし、ミッキーマウスの帽子をかぶるのは恥ずかしい。

어린이도 아니면서 미키마우스 모자를 쓰는 것은 부끄럽다.

23. 〜てやまない (〜해 마지 않는다, 기원, 기도, 염원 등에 쓰인다)

* みなさんのご親切に感謝してやみません。

여러분의 친절에 감사해 마지 않습니다.

* 世界中が平和になることを祈ってやまない。

온세계가 평화롭기를 기원해 마지 않는다.

24. 〜と相まって (〜와 어울려, 〜맞물려, 〜와 함께, 〜어우러져, 〜조화를 이뤄)

* 才能と幸運が相まって彼は一流の俳優に成長した。

재능과 행운이 조화를 이뤄 그는 일류 배우로 성장했다.

* 良質の米と水が相まっておいしい日本酒ができる。

양질의 쌀과 물이 조화를 이뤄 맛있는 일본술이 완성된다.

25. ～とあって/～とあれば ~라면, ~라고해서, ~에서

  * 年に一度のお祭りとあって

    일년에 한번 마츠리라고해서…

  * 子供のためとあれば

    애를 위해서라면

26. ～といい～といい、 ～やら～やら、 ～にしろ～にしろ～つ～つ、 ～なり～なり
     ～であれ～であれ(~며 ~며, 하랴 ~하랴, ~든 ~든, ~이건 ~이건)

  * 話し方といい動作といい 彼女は大変優雅で女らしい。
    말투하며 동작하며 그녀는 매우 우아하고 여자답다.

  * 休みの日には料理するやら、掃除するやらで大変だ。
    쉬는 날에는 요리하랴 청소하랴 힘들다.

  * 行くにしろ、行かないにしろ、早く決めた方がいい。
    가든 안가든 빨리 정하는 게 좋다.

  * 出席にせよ、欠席にせよ返事は早めに出してください。
    출석하든, 결석하든 답변은 일찌감치 해주세요

  * 英語であれ、日本語であれ韓国で外国語は必須だ。
    영어든, 일본어든 한국에서 외국어는 필수다.

  * 酒なり、ビールなりお好きなものを召し上がってください。
    술이든 맥주든 좋아하는 것을 많이 드세요

  * 優勝候補の両者はゴール直前で抜きつ抜かれつの接戦となった。
    우승후보인 양자는 골 직전에 뺏고 빼앗기는 접전을 했다.

  * 彼女の家の前を行きつ戻りつしながらプロポーズの言葉を考えた。
    그녀의 집 앞을 오가며 프로포즈의 말을 생각했다.

> * 男であれ女であれ。
> 남자이건 여자이건.

27. ～といえども（제아무리 ~라 하더라도）

* いかなる弁護士といえどもこの殺人犯を無罪にすることはできないだろう。
제아무리 변호사라도 이 살인범을 무죄로 할 수는 없을 것이다.

28. ～といったらない／～といったらありはしない（ありゃしない）
~라고 생각한다, ~라고 생각된다.(~라고 생각할 수 없을 정도로 ~하다)

* おかしといったらない。
이상스럽게 생각된다.

* ばかばかしいといったらありはしない。
바보같은 생각이 되어 견딜 수 없다.

29. ～と思いきや　＜～ながら，～にもかかわらず，～つつ＞
(~라고 생각했는데, ~라고여겼는데 의외로, ~이면서, ~임에도불구하고)

> * 今度こそうまくいくと思いきゃまた新しい問題が出てきてしまった。
> 이번이야말로 잘 될 것으로 생각했는데 또 새로운 문제가 발생해버렸다.
>
> * この会社では地位にかかわりなく誰でも社宅に入ることができる。
> 이 회사에서는 지위와 상관없이 누구라도 사택에 들어갈 수 있다.
>
> * 雨にもかかわらずバーゲン会場は大変混雑だった。
> 비에도 불구하고 바겐세일장은 매우 혼잡했다.
>
> * 狭いながらも楽しいわが家。
> 좁으면서도(좁지만) 즐거운 우리집

* 彼は<u>高齢</u>ながら社会の第一線で活躍している。
　그는 고령이면서 사회 제일선에서 활약하고 있다.

* もと貴族の彼女には<u>生まれながらに</u>気品が備わっていた。
　원래 귀족인 그녀에게는 태어나면서부터 기품이 갖춰져있다.

* 景気の動向を<u>考慮しつつ</u>今後の方針を決定する。
　경기의 동향을 고려하면서 금후 방침을 결정한다.

* あの子はゲームを始めた<u>が最後</u>、何を言ってもやめようとしない。
　그 애는 게임을 시작했으면 무슨 말을 해도 그만두려 하지 않는다.

* 山田さんは３年前同窓会で会った<u>きりだ</u>。
　야마다씨는 3년전 동창회에서 만난게 끝이다.

* <u>工事につき立ち入り禁止</u> <문장체 표현>
　공사이므로 출입금지

30. ～ときたら(아이구 ~라면, ~일때는, ~는, ~할때는)

　* あいつ<u>ときたら</u>、もうどうしようもない。
　　아이구 그 녀석이라면 어찌할 도리가 없다.

　* まったくこのコピー機<u>ときたら</u>すぐ故障するんだから…。
　　아이구 정말 이 복사기는 자주 고장이 나서 …。

31. ～とは(~다니, 할줄이야)

　* そこまで言う<u>とは</u>、彼も相当なものだ。
　　거기까지 말하다니 그 사람도 상당하다.

32. 〜とはいえ(〜라고는 해도)，〜といえども(비록 〜일지라도)

* 彼は大統領とはいえ 実権は握っていない。
  그는 대통령이라고는 해도 실권은 쥐고있지 않다.

* たとえ大統領といえども、一人で国を動かすことはできない。
  비록 대통령이라해도 혼자서 나라를 움직일 수는 없다.

33. 〜ともなく/〜ともなしに(〜하려 한게 아니고)

* 見るともなく見ている
  보려해서 본게 아니고 그냥 보고 있다.

* 聞くともなしに聞いていた
  들을래서 듣는게 아니라 그냥 듣고 있다.

34. 〜ともなると/〜ともなれば(=になると) 〜가 되면

* この地方は春ともなると桜が人々の目を楽しませてくれる。
  이 지방은 봄이 되면 벚꽃이 사람들의 눈을 즐겁게 해준다.

35. 〜ないまでも(〜아니더라도)

  <までだ、までもない、ないまでも、〜ばそれまでだ、〜までして、
    〜てまで>

  (〜뿐이다, 까지는 필요없다, 〜하면 그것으로 끝이다, 〜까지하면서, 〜까지해서)

* ここに置けという言われたから置いたまでです。
  여기에 놔라고 해서 놓았을 뿐이다.

* 駅までそれほど遠くないからタクシーに乗るまでもない。
  역까지 그렇게 멀지 않으므로 택시를 탈 필요는 없다

* 優勝はできないまでもせめて３位ぐらいには入りたい。
  우승은 할 수 없더라도 적어도 3위에는 들고싶다.

* こんなにお金をためても死んでしまえばそれまでだ。
  이렇게 돈을 모아도 죽어버리면 그뿐이다.

* 以前は正月のために、主婦が徹夜までして料理を作っていた。
  이전에는 설날을 위해 주부가 철야까지해서 요리를 만들었다.

* 試験は大切だけど徹夜してまで勉強しようとは思わない。
  시험은 중요하지만 철야까지해서 공부할거는 못된다.

36. ～なくして／～なしには　～없이는

  * 愛なくして何の人生か。
    사랑없이 인생이 무슨 재미냐?

  * 真の勇気なくしては正しい行動をとることはできない。
    용기없이 바른 행동을 할 수는 없다.

  * 涙なしには語れない。
    눈물 없이는 말할 수 없다.

37. ～ならでは／～ならではの (~가 아니고는, ~이기에 가능한)

  * 彼ならでは不可能なことだ。
    그 아니고는 불가능한 일이다.

  * 彼ならではの快挙。
    그이기에 가능한 쾌거

38. ～なりに(나름대로)

 * 私なりに考えて出した結論だ。
   나 나름대로 생각해낸 결론이다.

39. ～にあって(~에 있어서)

 * この非常時にあっていかにすべきか。

   이 비상시에 어떻게 할 것인가.

40. ～に至る ＜～に至るまで,～に至って,～に至っては,～に至っても＞

  (~에 이르러)

 * 百円ショップは、日用品から食べ物に至るまで何でも買える。
   백엔숍은 일용품부터 음식에 이르기까지 뭐든지 살 수 있다.

 * 自営業から大企業に至るまですべての産業が不況に陥った。
   자영업부터 대기업에 이르기까지 모든 산업이 불황에 빠졌다.

 * ここの温泉ではどの旅館も至れり尽くせりのサービスをしてくれるので評
   判です。
   이곳 온천에서는 어느 여관이나 최선을 다해 서비스를 해주는 것으로 평판이
   나있다.

41. ～に即して ＜に即しては,～に即しても,～に即した＞(~에 맞춰서, ~에 맞춘)

 * その時の経済状況に即した対応ができないと経営は成功しない。
   그때의 경제 상황에 맞춘 대응을 못하면 경영은 성공 못한다.

42. ～に耐える/～に耐えない (~에 가치있다, ~견딜 수 없다, ~하기 거북하다)

* 彼の歌は聞くに耐えなかった。ひどい音痴なのだ。
  그의 노래는 듣기 거북하다. 심한 음치다.

* これは芸術作品どころか、見るに耐えない低級な映画だ。
  이것은 예술작품커녕 보기 거북스런 저급한 영화다.

* 鑑賞にたえる絵
  감상에 가치 있는 그림

43. ～にひきかえ，～のに (~에 비해, 비하면, ~인데)
* 勉強家の兄にひきかえ、弟は怠け者だ。
  노력가인 형에 비해 동생은 게으름뱅이다.

* 姉は積極的なのに、妹は消極的な性格だ。
  언니는 적극적인데 비해 동생은 소극적인 성격이다.

44. ～はおろか，～どころか (~는 물론이고 ~는 커녕)
* 漢字はおろかひらがなも書けない。
  한자는 커녕 히라가나도 못쓴다.

45. ～べからず/～べからざる (~해서는 안된다)
* 入るべからず
  들어가서는 안된다.

* 言うべからざること
  말하지 말 것

46. ～べく(~하기위해, ~하려고 생각해서)

　　＊友人を見舞うべく、病院を訪れた。

　　　친구 병문안을 위해 병원을 찾았다.

47. ～まじき(~해서는 안될)

　　＊学生にあるまじき行為。

　　　학생에게 있어서는 안되는 행위

48. ～めく(~다워지다, ~듯하다, 같다)

　　＊3月になると日差しも暖かくなりだいぶ春めいてきます。

　　　3월이 되면 햇살이 따뜻해져 제법 봄다워진다.

　　＊春めく

　　　봄다워지다

　　＊皮肉めく

　　　비웃는듯하다

　　＊冗談めく

　　　농담같다

49. ～を皮切りに/～を皮切りにして/～を皮切りとして

　　＊今度の出演を皮切りに本格的に舞台に立つ予定だ。

　　　이번 출연 시작으로 본격적으로 무대에 설 예정이다.

50. ～を禁じ得ない(~를 금할 수 없다)

　　＊彼のことに同情を禁じ得ない。

　　　그에 대해 동정을 금할 수 없다.

51. ～をもって(~로써, ~으로)

* 本日をもって終了する。

  오늘로써 종료한다.

* 非常な努力をもってその行事を成功させた。

  굉장한 노력으로 그 행사를 성공시켰다.

52. ～を余儀なくされる ＜～を余儀なくさせる＞(~할 수 없이 ~하다, 하게하다)

* ここ数年わが社の業績は悪化一方でついに社長は辞任を余儀なくされた。

  요 몇 년 우리회사 업적은 악화 일로로 끝내 사장은 사임을 하게 되었다.

* 夏の電力不足は各家庭に節電を余儀なくさせた。

  여름 전력부족으로 각가정에 절전을 시킬수 밖에 없었다.

53. ～をよそに(~을 모르는듯, 관계없다는 듯)

* 親の心配をよそに、あの子は悪い仲間と遊んでばかりいる。

  부모님의 걱정은 모르는듯 그 애는 나쁜 친구와 놀고만 있다.

54. ～んがため/～んがために/～んがための(~하기 위해, 어떤일이라도 한다)

* あの人は息子を一流大学に入れんがためなんでもするだろう。

  그 사람은 아들을 일류대학에 넣기 위해서라면 뭐든 할 것이다.

* 彼は選挙で当選せんがため不正な手段を使った。

  그는 선거에서 당선되기 위해 부정한 수단을 사용했다.

1. ~間に (~동안 ~사이)

    * 私は 休みの間に 車の 運転免許をとった。
      나는 휴가동안 자동차 면허를 땄다.

    * 本棚と壁の間に手帳が落ちてしまった。
      책장과 벽사이에 수첩이 떨어져 버렸다.

2. ~うちに ＜~でいるうちに ～ないうちに、～かないかのうちに＞
    (~ 동안에, 하는 동안에, ~하기 전에, 채 ~하기전에)

> * 若いうちに勉強しておいたほうがいい。
>   젊을때 (동안) 공부해 두는게 낫다.
>
> * 料理が冷めないうちに召し上がってください。
>   요리가 식기전에 드십시오
>
> * 本を読んでいるうちに眠ってしまって、気がついたら朝だった。
>   책을 읽고 있는 동안에 잠들어 버려 정신을 차리니 아침이었다.
>
> * 先生が＜では終わります＞というか言わないかのうちに学生達は帰り
>   始めた。
>   선생님이 ＜그러면 마치겠습니다＞라는 말을 채 하기도 전에 학생들은 돌
>   아가기 시작했다.
>
> * 知らず知らずのうちに親と同じようなことを言うようになる。
>   모르는 사이에 부모와 같은 것을 (행동이나 말따위) 말하게 된다.

3. ～あげく(~한 끝에)

  ▪ ~한 결과의 표현으로 쓰이며 ~생각 끝에(考えたあげく), ～고민 끝에(迷った あげく)와 같은 말이 있다.

  * 誰に頼もうか考えたあげく、中村に頼んだ。

    누구에게 부탁할까 하고 생각한 끝에 나카무라에게 부탁했다.

4. ～上で ＜～上、～以上は, 上では＞(~한 뒤에, ~한 바에는, ~한 이상은)

  ▪ ~ 한 뒤 ~하다의 경우에 쓰인다.

  * それを済ませた上でやりなさい。

    그것을 마친 후에 하세요

  * 頭がよい上、努力もするので成功するだろう。

    머리가 좋은데다가 노력도 하기 때문에 성공할 것이다.

  * 見かけの上では そう 見えなかったが。
    보기에는 그렇게 보이지 않았으나...

  * 約束した以上は守らなければならない。

    약속한 이상은 지켜야 한다.

5. ～たあまり(~한 나머지, 너무 ~하여)

  * 考えすぎたあまり 失敗してしまった。

    너무 지나치게 생각한 나머지 실수해버렸다.

  * 心配のあまり 眠れなかった。

    걱정한 나머지 잠들 수 없었다.

6. ～一方　＜一方で、一方だ＞（~하는 한편, ~하기만 하다 ~하는 추세다　）

　　＊ 厳しく叱る一方で、優しい言葉をかけることも忘れない。

　　　엄하게 꾸짖는 한편 자상한 말을 건네는 것도 잊지않는다.

　　＊ 事故は増える一方だ。

　　　사고는 늘어가는 추세다.

7. ～得る、～得ない（~수 있다, ~할 수 없다）

　　＊ そういうこともあり得る。

　　　그런 일도 있을 수 있다.

　　＊ それは あり得ないことだ。

　　　그것은 있을 수 없는 일이다.

　　＊ それは考え得る最上の方法だと思う。

　　　그것은 생각할 수 있는 최상의 방법으로 본다.

8. ～おかげで　＜おかげだ＞（~덕분에, ~덕분이다）

　　＊ 仕事が早く済んだのは君のおかげだ。

　　　일이 빨리 끝난 것은 너의 덕택이다.

　　＊ 傘を持っていたおかげで濡れずに済んだ。

　　　우산을 가진 덕에 젖지 않았다.

9. ～恐れがある。（~할 우려(염려)가 있다）

　　＊ 台風が上陸する恐れがある。

　　　태풍이 상륙할 우려가 있다.

10. ～限り　＜限りは、限りでは、ない限り＞(~한, ~한 바로는 ~하지 않는한)

　　* 私が知っている限り彼は悪い人ではない。

　　　내가 알고 있는 한 그는 나쁜 사람이 아니다.

　　* 危ないところへ行かない限り大丈夫だ。

　　　위험한 곳에 가지 않는한 괜찮다.

11. ～かけだ＜かけの、かける＞(~하는 중이다, 하다만, 하다 말다)

　　* まだご飯が食べかけだ。

　　　아직 밥을 먹고 있는 중이다.

　　* 読みかけの雑誌。

　　　읽고 있던 잡지

　　* 彼は何か言いかけてやめた。

　　　그는 뭐라고 말하다가 중지했다.

12. ～難い(~하기 어렵다)

　　* あれは信じがたいことだ。

　　　그건 믿기 어려운 일이다.

13. ～がちだ＜がちの＞(자주 ~하다, ~이 많다)

　　* 冬は風邪を引きがちだ。

　　　겨울은 감기 걸리기 쉽다.

　　* 曇りがちのて天気

　　　구름이 많이 긴 날씨

14. ～かと思うと ＜かと思ったら、と思うと、と思ったら＞(~하는 듯싶더니,
    ~하자 곧)

  * ベルが鳴ったかと思うと飛び出した。
    벨이 울렸는가 했더니 튀어나갔다.

  * ピッカと光ったと思ったら去ってしまった。
    번쩍하고 빛이 보이더니 사라져버렸다.

15. ～兼ねる ＜～兼ねない＞(~하기 어렵다, ~할는지 모른다, ~할 법하다)

  * ちょっとわかりかねる。
    좀 이해하기 어렵다.

  * あいつなら、やりかねない。
    그 녀석이라면 할법하다.

16. ～かのようだ((마치) ~인 듯하다)
  * 一度に春が来たかのようだ。
    단번에 봄이 온 것 같다.

17. ～から ～にかけて(~에서 ~에 걸쳐)
  * 昨日から今朝にかけて断水だ。
    어제부터 오늘 아침에 걸쳐서 단수다.

18. ～から言うと＜から言えば、から言って＞(~으로 보건대)
  * 現状からいって無理だ。
    현상으로 보아 무리다.

  * 私の立場からいうと それは不可能だと思う。
    나의 입장으로 말하자면 그것은 불가능하다고 본다.

19. ～からこそ(~하기 때문에)

  * 先生は生徒を愛するからこそしかるのだ。

    선생님은 학생을 사랑하기 때문에 혼내는 것이다.

20. ～からして(우선 ~부터가)

  * 彼の態度からして許せない。

    그의 태도부터가 용서 안된다.

21. ～からすると＜からすれば＞(~에서 보면, ~으로 보면)

  * 私の考えからするとそれはあり得ないことだ。

    내 생각으로보면 그것은 있을 수 없는 일이다.

22. ～から見れば＜見ると、から見て、から見ても＞

    (~으로 보면, ~와 비교하면 ~으로보아)

  * この記録からみるとわかる。

    이 기록으로 보아 알 수 있다.

  * 高校の成績から見てもわかるはずだろう。

    고교 성적으로 봐도 알 수 있을 것이다.

23. ～からと言って(~라고 해서)

  * 寒いからといって家の中ばかりにいるのはよくない。

    춥다고해서 집안에만 있는 것은 안좋다.

24. ～からには ＜からは＞(~할 바에는, ~하는 이상은)

  * やるからには はっきりやりなさい。

    할바에는 확실히 해라.

* こうなったからは何が何でも守れ。

이렇게 된 이상은 어떤 일이 있어도 지켜라.

25. ~代わりに ＜~代わって＞(~하는 대신에, 대신해서)

* 英語のできない社長に代わって秘書が電話に出た。

영어를 못하는 사장을 대신하여 비서가 전화를 받았다.

* 盲導犬は主人に代わって安全を確かめる。

맹도견은 주인을 대신하여 안전을 확인해준다.

26. ~気味(~하는 경향, ~기운)

* 風邪気味

감기 기운

* 疲れ気味

피로 기운

27. ~きり＜きりだ＞(~한 채, ~한 것이 마지막이다)

* 行ったきり帰らない。

간 채로 돌아오지 않는다.

* 彼女には去年会ったきりだ。

그녀는 작년 만난게 마지막이다.

28. ~切る＜きれる、きれない＞(다 ~하다, 다 ~할 수 있다, 다 ~할 수 없다)

* 信じきる。

완전히 믿다.

* そう言い切れるか。
  그렇게 말할 수 있는가?

* 数えきれないほどの夜空の星
  다 셀 수 없을 정도의 밤하늘의 별

29. ～くせに (~주제에)
  * 知らないくせに。
    모르는 주제에

  * 知っているくせに教えてくれない。
    알고있는 주제에 가르쳐 주지 않는다.

30. ～くらい ＜ぐらい、くらいだ＞ (~할 정도, ~할 정도다)
  * もう歩けないくらい疲れた。
    이제 못 걸을 정도로 지쳤다.

  * 情けなくて泣きたいくらいだ。
    정나미가 없어 울고 싶을 정도였다.

052. ～げ (~한 듯이, ~스러운듯)
  * 二人は楽しげに話している。(＝楽しそうに)
    두사람은 즐거운듯이 이야기하고 있다.

31. ～こそ (~야 말로)
  * こちらこそよろしくお願いします。
    저야말로 잘 부탁합니다.

32. ～こと ~것, 일(감탄, 강조, 경험, 당연, 주의, 관용표현 등에 주로 쓰인다)

> **· 【こと】의 용법을 확실히 익히자.**
>
> 1. a : 文章がうまくなりたいんですが…
>   문장이 제대로 되었으면…
>
>   b : いい文章をたくさん読むことですよ。
>   좋은 문장을 많이 읽는 것입니다.
>
> 2. (過労で倒れた人に)とにかくゆっくり休養することです。
>   (과로로 쓰러진 사람에게)어쨌든 천천히 휴양하는 것입니다.
>   (그것이 상책이다의 의미)
>
> 3. 美しくなるには, まず心を磨くことだ。
>   아름다워지기 위해서는 우선 마음을 닦아야 할 것이다.
>
> 4. 遠慮することはない。どんどん食べなさい。
>   사양할 필요는 없다. 자꾸자꾸 드세요
>
> 5. a : 肌が荒れて困っているんです。
>   피부가 거칠어 죽겠어요
>
>   b : 夜更かしをしないことですよ。
>   밤새우는 일은 하지 말길 바래요.
>
> 6. 背が低いからと言って悩むことはない。
>   키가 작다고 해서 고민할 필요는 없다.
>
> 7. (仕事で失敗した人に)気にすることはないよ。後で取り返せばいいんだから。
>   (일로 실패한 사람에게)신경 쓸 필요는 없어요. 나중에 만회하면 되니까.
>
> 8. 家族みんなが元気でありがたいことだ。
>   가족 모두가 잘 있어서 고마운 일이다.
>
> 9. 毎月電話代に5万円も使っているなんてもったいないことだ。
>   매월 전화요금으로 5만엔이나 사용하다니 아까운 일이다.

144

10. 夏休みに 国へ 帰ることにしました。
　　여름방학에 고향에 가기로 했다.

11. 夏休みに 国へ 帰ることになりました。
　　여름방학에 고향에 가기로 되었다.

12. 嬉しいことにあの映画が再上映される。
　　기쁘게도 그 영화가 재상영된다.

13. あの映画が再上映される。嬉しいことだ。
　　그 영화가 재상영된다. 기쁜일이다.

14. 私の趣味は映画を見ることです。
　　나의 취미는 영화를 보는 것이다.

15. 私のことは気にしないでください。
　　나의 일은 신경쓰지 말아주세요

16. 二人は ことあるごとに 喧嘩している。
　　두사람은 틈만나면 싸운다.

17. 毎朝早く起きること。
　　매일아침 일찍 일어날 것 .

18. 言葉の力が豊かで、才能に恵まれている。文章を書くことにも優れ、言語感覚
　　が鋭い。
　　말의 힘이 있고 재능이 뛰어나다. 문장을 쓰는 일도 뛰어나고 언어감각
　　이 날카롭다.

19. どこということなく 足にまかせて 歩いていって30分になったら引っ返してきた。
　　어디랄 것 없이 발길 닿는대로 걸어가다가 30분쯤 지나 돌아왔다.

20. 家族にいろいろ知らせたいことや感想を書き合っている様子が書いてあったん
　　だ。
　　가족에게 여러 가지 알리고 싶은 일이나 감상을 적은 모습이 그려져 있
　　다.

21. それはよかってね。そういうどうでもいい<u>こと</u>を、ことさらのおおげさに言い出す人が あるね。
  그거 잘되었네요. 그렇게 문제없는 일을 허풍스럽게 말하는 사람이 있어 요

22. ああ、なさけない<u>ことになった。</u>
  아아, 인정머리없는 일이 되어버렸다.

33. ~際 ~折り ~場合(~때, ~시, ~경우)

* <u>非常の際</u>は、慌てずに落ち着いて行動すること。
  비상시에는 당황하지 말고 침착하게 행동 할 것.

* 検査の結果、肝臓が弱っているそうだ。<u>この際</u>、きっぱり、酒を やめよう。
  검사결과 간장이 약하다고 한다. 이참에 확실히 술을 끊어야지.

* 体調が良くない<u>場合は決して無理</u>をしないように。
  컨디션이 안좋을 때는 결코 무리하지 않도록.

* また、お目にかかる<u>折り</u>を楽しみにしています。
  또 뵈올 때를 기대하겠습니다.

* 折りも折り   하필이면

* 折りにふれて   기회있을 때마다

* 折りを見て   때를 봐서

* 折り入って ご相談したいことがあるのですが。
  마침, 이참에 의논하고 싶은 게 있습니다만...

34. ～最中(한창 ~하는 중)

　　＊ 今検討している最中だ。

　　　지금 검토 중이다.

35. ～さえ ＜でさえ、さえ～ば＞(~조차, ~마저, ~만 ~하면)
　　＊ 彼はひらがなさえ書けない。
　　　그는 히라가나 조차 못읽는다.

　　＊ 自転車さえあれば満足だ。
　　　자전거만 있어도 만족한다.

36. ～ざるをえない(~하지 않을 수 없다)
　　＊ あきらめざるをえない。
　　　단념하지 않을 수 없다.

　　＊ 間違っていると言わざるをえない。
　　　틀렸다고 말 안할 수 없다.

37. ～しかない(~할 수 밖에 없다)
　　＊ 今度は行くしかない。
　　　이번엔 갈 수 밖에 없다.

38. ～次第 ＜次第だ、次第で、次第では＞

　　(~하는 대로 즉시, ~에 달렸다, ~따름(뿐)이다, ~에 따라서)
　　＊ 到着次第連絡してください。
　　　도착하는 대로 연락해 주십시오

　　＊ 合格は成績次第だ。
　　　합격은 성적에 달려 있다.

39. ～せいだ＜せいで、せいか＞(~탓인지, ~탓(때문)이다, ~탓으로)

　　＊ 大雨の<u>せいで</u>洪水が起った。

　　　큰비 탓으로 홍수가 일어났다.

　　＊ 今度の失敗はあなたの言う言葉を信じた<u>せいだ</u>。
　　　이번 실패는 네가 하는 말을 믿은 탓이다.

40. ～だけ＜だけあって、だけに、だけの＞(~인 만큼)
　　＊ 5年も日本にいた<u>だけに</u>日本語は上手だと思う。
　　　5년이나 일본에 있었던 만큼 일본어는 잘할 것으로 믿는다.

41. ～たとえ ～ても(설령 ~일지라도, 비록 ~일지라도)
　　＊ <u>たとえ</u>みんなに反対され<u>ても</u>私は正しいと思ったことをする。
　　　비록 모두가 반대할지라도 나는 바르다고 생각한 바를 한다.

42. ～たび(に)(~할 때마다, ~할 적마다)
　　＊ 選手がミスをする<u>たびに</u>監督は厳しく注意した。
　　　선수가 실수를 할 때마다 감독은 엄하게 주의를 주었다.

43. ～ついでに(~하는 김에)
　　＊ 買い物<u>ついでに</u>友人の働いている店をのぞいてみた。
　　　쇼핑하는 김에 친구가 일하는 가게도 들여다 봤다.

44. ～っけ(~라고 했지? ~였더라?)
　　＊ あの人 中村さんと言った<u>っけ</u>。
　　　그 사람 나카무라라고 했지? (아마)

45. ～っこない(~할 리가 없다)
　　＊ 子供がわかり<u>っこない</u>。
　　　어린애가 알 리가 없다

46. ～つつ ＜つつも＞(~하면서도)

   ＊ 悪いと知りつつも辞められない。

   나쁘다고는 알면서 그만둘 수 없다.

47. ～つつある(~하고 있는 중이다)

   ＊ 実力は向上しつつある。

   실력은 향상되고 있는 중이다.

48. ～っぽい(~하는 경향이 강하다)

＊飽きっぽい 금방 질리는 사람	＊男っぽい 남자 같은 사람
＊忘れっぽい 깜박 잘 잊는 사람	＊ほこりっぽい 먼지 투성이
＊安っぽい　 싸구려	＊白っぽい 흰빛의, 희끄무레한

49. ～て以来(~한 이후)

   ＊ 日本へ来て以来ずっと新宿に住んでいる。

   일본에 온 이후 줄곧 신쥬쿠에 살고있다.

50. ～てからでないと(~한 뒤가 아니면)

   ＊ 日本語を勉強してからでないと留学は難しい。
   일본어를 배운뒤가 아니면 유학은 어렵다.

51. ～てしょうがない(너무 ~하다, ~해 죽겠다)

   ＊ 寂しくてしょうがない。
   너무 적적하다.

52. ～てたまらない(~해 죽겠다, ~해서 견딜 수 없다)

  * 悔し<u>くてたまらない</u>。

    분해 죽겠다

53. ～てならない(~해서 견딜 수 없다, 몹시 ~하다)

  * 悲し<u>くてならない</u>。

    몹시 슬프다.

  * 残念<u>でならない</u>。

    몹시 유감스럽다.

54. ～ていられない(~하고 있을 수는 없다),

    ～ないではいられない(~하지 않을 수 없다)

  * 動物をいじめているのを目撃して見<u>ていられなかった</u>。

    동물학대를 목격하고 보고 있을 수 없었다.

  * それを聞くと私も一言言わ<u>ないではいられない</u>。

    그 이야기를 듣자 나도 한마디 안할 수 없었다.

55. ～ということだ(~라고 한다, ~라고 들었다)

  * ニュースでは4月から電気料金があがる<u>ということだ</u>。

    뉴스에서는 4월부터 전기요금이 오른다는 것이다.

56. ～というと＜といえば、といったら＞(~라고 하면, ~라고하니 생각나는데)

  * 温泉<u>といえば</u> 箱根が思い出します。

    온천이라하니 하코네가 생각납니다.

57. ～というものだ(~라는 것이다)

  * これでは不公平<u>というものだ</u>。

    이것을 보고 불공평이라는 것이다.

58. ～というものではない＜ものでもない＞(~라고 할 수는 없다)

　　＊ 多ければよいというものでもない。

　　　많다고 좋다라는 것은 아니다.

59. ～というより(~라기 보다)

　　＊ 慎重というより無能に近い。

　　　신중이라 하기보다 무능에 가깝다.

60. ～といっても(~라고 해도, 라고 해봤자)

　　＊ ビルといっても二階建ての小さいものだ。

　　　빌딩이라고해야 2층짜리 작은 것이다.

61. ～とおり＜とおりに、どおり、どおりに＞(~하는 대로)

　　＊ 彼が言ったとおりにやってみなさい。
　　　그가 말한대로 해보세요

62. ～とか(~라던가, 라던데..)

　　＊ あの店は 駅の反対側に移転したとかいう話よ。

　　　그 가게는 역 반대편으로 이전 했다던가 하는 얘기던데.

63. ～ところ(~것, ~해보았자, ~바로는, ~하는데, ~커녕, ~뻔했다)

・ 【ところ】의 용법을 확실히 익히자.

1. 顔が赤いところをみると酔っているらしい。

　　얼굴이 빨간 것을 보면 취한 것 같다.

2. 紛争は長期化すると見られていた。ところが、国連の調停によって案

　　外早く解決した。

분쟁은 장기화 된다고 보았다. <u>그러나</u> 국제연합의 조정에 의해 의외로 빨리 해결 되었다.

4. 新聞で読んだ<u>ところでは</u>、女性の結婚年齢はますます上がっているらしい。

　신문에서 읽은 바로는 여성의 결혼 연령은 점점 높아지는 것 같다.

3. 毎日一生懸命働いた<u>ところで</u>、家一軒買うこともできないのだ。

　매일 열심히 일해보았자 집 한칸도 살 수 없는 것이다.

5. <u>お休みのところを</u>おじゃましてすみません。

　쉬시는데 실례를 끼쳐 죄송합니다.

6. 日常会話は何とかなるが、ぺらぺら<u>話せるところ</u>までは言っていない。

　일상회화는 그럭저럭하는데 유창하게 말할 수 있는 정도까지는 아니다.

7. 景気はよくなる<u>どころか</u>、どんどん悪くなった。

　경기는 좋아지기커녕 점점 나빠졌다.

8. 彼は急に病気にかかりもう少しで<u>死ぬところ</u>だった。

　그는 갑자기 병에 걸려 자칫하면 죽을뻔 했다.

9. 犯人が急いで証拠を<u>かくそうとしているところ</u>へ捜査官が踏み込んできて逮捕された。

　범인이 서둘러 증거를 감추려하는 참에 수사관이 달려와서 체포되었다.

10. 仕事が終わってお茶を<u>飲んでいるところ</u>です。

　일이 끝나 차를 마시고 있는 중입니다.

11. たった今帰った<u>ところ</u>です。
　　방금 막 돌아왔습니다.

12. 漢字<u>どころか</u>ひらがなも読めない。
　　한자는 고사하고 히라가나도 못 읽는다.

13. 今は花見<u>どころではない</u>。
　　지금은 꽃놀이 할 상황이 아니다.

64. ～としたら(~라고 한다면, ~라고 하면)

　* ここに百万円ある<u>としたら</u>何をしますか。
　　여기에 백만엔 있다치면 무엇을 하겠습니까?

65. ～として(~으로서)

　* 彼は弁護士<u>として</u>活躍している。
　　그는 변호사로써 활약하고 있다.

66. ～ともに　~와 함께 (동시에)

　* あなたと<u>ともに</u>行きたい。
　　당신과 함께 여행하고 싶다.

67. ～ないことには(~하지 않으면, 않고서는)

　* 実際見<u>ないことには</u>わからないことだ。
　　실제로 안보고는 모르는 것이다.

68. ～ないことはない　＜ないこともない＞(~하지 않을 것은 없다)

　* ぜひと頼めば行か<u>ないこともない</u>。
　　꼭 부탁한다면 안갈 것도 없다.

69. ～ながら(~이지만, ~이면서도)

　＊彼は知っていな<u>がら</u>も教えてくれない。

　　그는 알고 있으면서 가르쳐주지 않는다.

70. ～など ＜なんか、なんて＞(~따위, ~같은 건, ~라니)

　＊パチンコ<u>など</u>するものか。

　　빠찡꼬 따위 할까보냐.(안한다)

71. ～にあたって ＜にあたり＞(~에 즈음해서)

　＊開会<u>にあたって</u>一言ごあいさつを申し上げます。

　　개회에 즈음하여 한마디 인사말씀 드립니다.

72. ～において(~에 있어서)

　＊本日の会議は第一会議室<u>において</u>行います。

　　오늘 회의는 제 1회의실에서 합니다.

73. ～に応じて(~에 따라, ~에 맞게)

　＊給料は経験年数と能力<u>に応じて</u>決められる。

　　급료는 경험연수와 능력에 따라 정해진다.

74. ～にもかかわらず(~임에도 불구하고)

　＊雨<u>にもかかわらず</u>こんなにたくさん来ていただいてありがとうございます。

　　비가오는데도 불구하고 이렇게 많이 와주셔서 감사합니다.

75. ～を限りに ＜～に限り、 ～ない限り限り、 ～限りでは, ～限って＞

　　（~을 끝으로, ~인 이상, ~하지 않는 한, ~이라면,~만은, ~따라 하필 ）

* 本日を限りに退職することになった。

　オ늘을 마지막으로 퇴직하기로 되었다.

* 外は嵐でもこの部屋にいる限り安全だ。

　밖은 폭풍이 몰아치지만 이 방에 있는 한 안전하다.

* 雨が降らない限り水不足は解消されない。

　비가 내리지 않는 한 물부족은 해소되지 않는다.

* 私の知る限りでは彼は真面目な青年だ。

　내가 아는한 그는 성실한 청년이다.

* あの学生に限ってカンニングなどするはずはない。

　그 학생만은 컨닝 따위 할 리가 없다.

* 留守の時に限って荷物が届いた。

　부재중일 때 하필이면 짐이 도착했다.

* 成績優秀者に限り学費が免状される。

　성적우수자에 한해 학비가 면제된다.

76. ～にかけては ＜かけても＞(~에 있어서는, 있어서도)

　　* 彼は仕事たけでなく遊びにかけてもだれよりも積極的だ。

　　그는 일에 있어서나 놀이에 있어서도 누구보다도 적극적이다.

77. ～に代わって(~을 대신하여)

　　* 病気の兄にかわって私が行った。
　　　아픈 형을 대신하여 내가 갔다.

78. ～に関して(~에 관해)

　　* 宗教に関して起る戦いは長引くことが多い。
　　　종교에 관해서 일어난 싸움은 오래끄는 경우가 많다.

79. ～に決まっている(으레 ~하기 마련이다)

　　* あのチームが勝つにきまっている。
　　　그 팀이 이기는 것은 당연지사다.

80. ～に比べて ＜～に比べ＞(~에 비해)

　　* 去年に比べて今年は寒くない。
　　　작년에 비해 올해는 춥지 않다.

81. ～に加えて(~에 더해、 ~한 데다)

　　* 雨に加えて風も強くなり野外コンサートは中止になった。
　　　비에다가 바람도 강해 야외 콘서트는 중지 되었다.

82. ～にこたえて(~에 보답하여)

　　* 観客の拍手にこたえてピアニストはアンコール曲を引き始めた。
　　　관객의 박수에 보답해서 피아니스트는 앙코르 곡을 치기 시작했다.

83. ～に際して(~에 즈음하여)

* 投票に際して注意事項は次のようである。

　투표에 즈음해서 주의사항은 다음과 같다.

84. ～に先立って(~에 앞서서)

* 実施に先立つ用意周到な計画が必要だ。

　실시에 앞서서 용의주도한 계획이 필요하다.

85. ～に従って(~에 따라서)

· A＜이유＞ 따라서 B＜결과＞로 결과에 중점을 둔 표현이다.

* 今年は雨が非常に少ない。従って野菜の値上がりが心配されている。

　올해는 비가 매우 적다. 따라서 야채 값 인상이 걱된된다.

* 私たちは離婚した。従って二人はもう他人だ。

　우리는 이혼했다. 따라서 두 사람은 이제 남이다.

86. ～にしたら＜にしても、にすれば＞(~라 해도)

* 私にしても同じ気持だ。

　나라고해도 같은 기분이다.

87. ～にしては(~치고는)

* 外国人にしてはうまい。

　외국인 치고는 잘한다.

88. ～にすぎない(~에 불과하다, ~에 지나지 않는다)

* 彼は一介の会社員にすぎない。

　그는 일개회사원에 불과하다.

89. ～に相違ない (~임에 틀림없다)

    ＊ 彼は国に帰ったに相違ない。

     그는 고국으로 귀국한 것임에 틀림없다.

> ＊彼は中国人に違いない。
>
> 그는 중국임임에 틀임없다.
>
>
> ＊この制度に対する反感の表れにほかならない
>
> 이 제도에 대한 반감 표시에 틀림없다.

90. ～に沿って ＜に沿い、に沿う、に沿った＞ (~에 따라)

    ＊ この辺は川に沿って土産物屋が並んでいる。

     이 주변은 강을 따라 토산품점이 줄지어 있다.

> **・한국어 뜻으로 ~따라서 는 일본어에서 각기 다름에 주의!**
>
> ＊ ～に沿って : 式典はプログラムに沿って進めていきます。
>
>   식전은 프로그램에 따라 진행해갑니다.
>
> ＊ ～に従って : 気温が上がるに従って湿度も増して蒸し暑くなった。
>
>   기온이 올라감에 따라 습도도 증가하여 찜통더위가 되었다.
>
> ＊ ～につれて : 体の老化につれて記憶力も衰える。
>
>   몸의 노화에 따라서 기억력이 쇠퇴한다.
>
> ＊ ～に応じて : 能力に応じて給料が支払われる会社が増えつつある。
>
>   능력에 따라서 급료가 지불되는 회사가 늘고 있다.
>
> ＊ ～によって : 文化や習慣は国によって違う。
>
>   문화나 습관은 나라에 따라서 다르다.

91. ～に対して ＜に対し、に対しては、に対しても、に対する＞

(~에 대해, 대해서는, 대해서도, 대한)

* 彼は娘に対しては厳しいが、息子に対してはあまい父親だ。

그는 딸에 대해서는 엄하지만 아들에 대해서는 관대한 아빠다.

· 한국어 뜻으로 ~에 대해서 는 일본어에서 각기 다름에 주의!

* ～に対して：医者は患者に対して病状を詳しく説明すべきだ。

　　　　　　의사는 환자에 대해서 병상태를 자세히 설명해야한다.
* ～ついて　：A医者は糖尿病患者について研究している。

　　　　　　의사는 당뇨병에 대해서 연구하고있다.

　　　　　　日本の歴史について話してみましょう。

　　　　　　일본의 역사에 대해서 이야기 해보자.

92. ～にとって(~에게 있어)

* 私にとって家族は大切だ。

내게 있어서 가족은 소중하다.

93. ～に伴って(~와 함께, 더불어)

* 風に伴って雨も降っている。

바람과 함께 비도 내리고 있다.

94. ～に反して(~에 반해, ~와 달리)

* 予想に反して彼は優勝した。

예상과는 달리 그는 우승했다.

95. ～に基づいて(~에 입각해서, ~에 의거해서)

* 事実に基づいて書かなければならない。

사실에 입각하여 쓰지 않으면 안된다.

96. ～によって ＜により、によっては、による、によると、によらば＞
   (~에 따라, ~으로 ~에 따라서는, ~에 의한, ~의하면,)
* 努力によって克服する。

노력으로 극복한다.

* 憲法により禁じられている。ひとによっては反対するかもしれない。

헌법에 의해 금지되어있다. 사람에 따라서는 반대할지 모른다.

* 戦争による被害

전쟁에 의한 피해

* 天気予報によると

일기 예보에 의하면

97. ～に渡って ＜わたり、にわたる、にわたった＞(~에 걸쳐, ~에 걸친)

* 5日間にわたって行われた会議

5일간에 걸쳐 행해진 회의

* 各科目にわたりよい成績をとる。

각 과목에 걸쳐좋은 성적을 딴다.

* 30年にわたる戦争。

30년에 걸친 전쟁

98. ～抜きで＜抜きでは、抜きに、抜きは、抜きの＞(~을 빼고, ~이 없이는)

　＊財政問題抜きの解決策はない。

　재정문제를 제외한 해결책은 없다.

99. ～の末 ＜の末に、た末に、た末の＞(~한 끝에)

　＊悩みぬいた末の結論

　몹시 고민한 끝의 결론

100. ～のみならず(~뿐만 아니라)

　＊父のみならず母までも反対した。

　아빠 뿐만 아니라 엄마까지 반대했다.

101. ～のもとで(~하에서 ~아래서)

　＊田中先生のご指導のもとで書いたのがこの論文です。

　타나카 선생님의 지도하에서 쓴 것이 이 논문입니다.

102. ～の(~것, ~인, ~가)

・【の】의 용법을 확실히 익히자.

1. 동사원형의는 형용사입니다 ~것은 ~ 입니다
　＊テレビを見るのは楽しいです。(難しい、易しい、おもしろい、危険だ、大変だ)
　텔레비전을 보는 것은 즐겁습니다.

2. 동사원형의가 형용사입니다 ~것이 ~입니다
　＊歩くのが好きです。(好きだ、上手だ、下手だ、下手だ、速い、遅い)
　걷는 것을 좋아합니다.

3. 동사원형의을 忘れました ~것을 잊었습니다

　　*牛乳を買うのを忘れました。

　　우유 사는 것을 잊었습니다.

4. 동사보통체의을 知っていますか ~것을 압니까

　　*二人が結婚するのを知っていますか。

　　두사람이 결혼 하는 것을 압니까?

5. 동사보통체, い형용사보통체의는 명사です ~것은 ~입니다
　　な형용사, 명사 なのは 명사です

　　*生まれたのはアメリカです。

　　태어난 것은 미국입니다.

　▪ 기타 쓰임새
6. 医者の兄はアメリカに住んでいる。
　　의사인 형은 미국에 삽니다.

7. 日本語の発音
　　일본어 발음

8. 運動場のある学校
　　운동장이 있는 학교

9. 雨の日にも来る。
　　비 내리는 날도 온다

　▪ 원형　☞ 行く、食べる、飲む、会う

　▪ 보통체 ☞ 行く、行った、行かない、行かなかった

103. 〜ばかりに(〜바람에, 〜탓으로)

*　彼を信じた<u>ばかりに</u>ひどい目にあった。

　그를 믿은 탓에 심한 꼴을 당했다.

・〜탓으로, 탓에, 덕택에를 이해하자.

【せい、おかげで、ばかりに、だけあって】

1. 大雨の<せいで、おかげで>洪水が起こった。

2. 大雨の<せいで、おかげで>水不足の問題が解決しました。

3. 先生の<せいで、おかげで>大学院にはいることができました。

4. 毎日練習した<せいで、おかげで>運動靴に穴があいてしまった。

5. 睡眠不足なのは家の近くで夜工事している <せいで、おかげで>です。

6. 夜更した<せいで、おかげで> 学校に遅刻しました。

7. 朝寝坊して一台遅いバスに乗った<せいで、おかげで> 今朝は彼女に会えました。

8. 帰る途中雨に降られた <せいで、おかげで> 風邪を引いてしまった。

9. 友達の言う言葉を信じた<u>せいで</u>　　　친구가 하는 말을 믿은 탓에

10. 友達の話を信じた<u>おかげで</u>　　　친구 이야기를 믿은 덕에

11. 友達の言葉を信じた<u>ばかりに</u>　　　친구의 말을 믿은 탓에

12. 朝早く起きた<u>せいで</u>　　　아침 일찍 일어난 탓에

13. 朝早く起きた<u>おかげで</u>　　　아침일찍 일어난 덕에

14. 朝早く起きた<u>ばかりに</u>　　　아침 일찍 일어난 탓에

15. あの人の<u>せいで</u>　　　그 사람 탓에

16. あの人の<u>おかげで</u>　　　그 사람 덕에

17. あのひとに会った<u>ばかりに</u>　　　그 사람을 만난 탓에

18. お金がない<u>ばかりに</u>　　　돈이 없는 탓에

---

19. 背が高い<u>せいで</u>	키가 큰 탓에
20. 背が高い<u>ばかりに</u>	키가 큰 탓에
21. 背が高い<u>おかげで</u>	키가 큰 덕에
22. 背が高い<u>だけあって</u>	키가 큰 탓에

※ 그를 <u>믿은 탓에</u> 이 꼴이 되었다

   그를 <u>믿었기 때문에</u>

   그를 <u>믿어서</u>

   그를 <u>믿은 연유로</u>

   그를 <u>믿은 결과</u>

   그를 <u>믿은 죄로</u>

   그를 <u>믿은 덕에</u>

---

104. ～はともかく ＜ともかくとして＞(~은 어쨌든, ~은 차치하고)

  * その問題<u>はともかく</u>今度新しい計画を立ててみましょう。

   그 문제는 차치하고 이번에 새계획을 세워 봅시다.

105. ～はもちろん(~은 물론)

  * 日曜日、祭日<u>はもちろん</u>土曜日も休めない。

   일요일, 경축일은 물론 토요일도 못쉰다.

106. ～反面(~하는 반면)

  * 一定の利益が<u>見込める反面</u>、大きな損失を招く恐れもある。

   일정한 이익이 전망되는 반면 큰 손실을 초래할 우려가 있다.

107. ～ほかない(~할 수 밖에 없다)

  * そのことについては<u>黙っているほかない</u>。

   그 일에 대해서는 침묵할 수 밖에 없다.

164

108. ～ほどだ＜ほど、ほどの＞(~할 정도이다, 만큼, ~수록)

  * 寂しくて泣きたいほどだ。

    쓸쓸해서 울고 싶을 정도다.

  * 死ぬほどつらい。

    죽고 싶을 만큼 괴롭다.

  * 若い人ほど朝寝坊をする。

    젊은 사람일수록 늦잠을 잔다.

109. ～まい＜まいか＞(~하지 않겠다, ~않을 것이다)

  * 二度と行くまい。

    두 번 다시 안갈 것이다.

  * 行こうか、行くまいかと迷う。

    갈지 말지 고민 중이다.

  * そんなことはあるまい。

    그런 일은 없을 것이다.

  * 帰国したのではあるまいか。

    귀국하지는 않았을 것이다.

110. ～向きだ＜向きに、向きの＞(~를 위한, ~에게 알맞은)

  * 子供向の本

    애들 대상 책

111. ～向けだ＜向けに、向けの＞(~을 대상으로)

  * 留学生向けに作られた雑誌。

    유학생 대상으로 만들어진 잡지

112. ～もの　～것(감탄, 당연, 회상, 영탄, 이유, 충고.. 등에 주로 쓰인다)

- **【もの】용법을 확실히 악히자.**

1. 今は住宅にいながらパソコンで買物ができる。世の中、便利になった<u>ものだ</u>。
   지금은 집에서도 컴퓨터로 쇼핑할 수 있다. 참 세상이 편리해 졌다.

2. 5才の子供が<u>よく</u>ここまで歩いてきた<u>ものだ</u>。
   5살 애가 여기까지 용케도 잘 걸어 왔구나.

3. 来年こそいい年にしたい<u>ものだ</u>。
   내년이야말로 좋은 해가 되고 싶다.

4. 政治家には国民の幸福を第一に考えてほしいものだ。
   정치가에게 국민의 행복을 제일로 생각해주었으면 하는 바람이다.

5. この会社に入って10年になる。早い<u>ものだ</u>。
   이 회사에 들어와서 10년이다. 참 빠르다.

6. 学生は勉強する<u>ものだ</u>。(○)
   학생은 공부하는 거다

7. 中村は勉強する<u>ものだ</u>。(×)
   나카무라는 공부하는 거다

8. この包丁はよく研いで使うものだ。(×)
   이 칼은 잘 갈아서 쓰는 것이다.

9. 包丁はよく研いで使うものだ。(○)
   칼은 잘 갈아서 쓰는 것이다.

10. 葬式では黒い服を着るものだ。
    장례식에서는 검은 옷을 입는 것이다.

11. 人に助けてもらったときは礼を言うものだ。
    타인으로부터 도움 받은 때는 감사의 말을 하는 것이다.

166

12. 人の悪口は言わない<u>ものだ</u>。
　　남의 험담은 하지 않는 것이다.

13. 人の悪口は言う<u>ものではない</u>。
　　남의 험담은 하는 게 아니다.

14. (花をむしっている子供に)そんなことをする<u>ものじゃないよ</u>。
　　(꽃을 꺾는 아이에게) 그런일은 하는 게 아니예요

15. 人の運命は分からない<u>ものだ</u>。
　　사람의 운명은 모르는 것이다.

16. 子供はよく風邪を引く<u>ものだ</u>。
　　어린이는 자주 감기에 걸리는 것이다.

17. 子供は外で元気に遊ぶ<u>ものだ</u>。
　　어린이는 밖에서 건강히 노는 것이다.

18. 子供の時毎日ここで遊んだ<u>ものだ</u>。
　　어릴 때 매일 여기서 놀곤했다.

19. 子供の自動車事故による死亡率が上乗していることから法制化が決まった<u>ものだ</u>。
　　어린이 자동차사고에 의한 사망률이 상승하고 있으므로 법제화가 정해진 것이다.

20. <u>ものの考え方が</u>鋭い。
　　사물에 대한 사고가 예리하다.

21. グループに分かれて買物にした<u>もんだ</u>。
　　그룹으로 나뉘어 쇼핑한 것이다.

22. 今年は<u>ものが高く</u>なったのに予算は同じ何だって。
　　올해는 물건이 비싸졌는데 예산은 같다던데.

23. なんかぐっとせまってくる<u>もの</u>がある。
　　뭔가 가슴에 콱 조여 오는 것이 있다.

24. 言ってくれればいい<u>ものを</u>。
    말해주면 좋을 것을..(왜 안해주나? 불만, 불평)

113. ~はず(~것, ~할 리가 없다.)
    ▪ 확실한 추측, 단정, 예측, 실현 불가능한 현실 표현 등에 쓰인다.

▪ 【はず】의 용법을 확실히 익히자.

1. 彼女なら来る<u>はず</u>です。
   그녀라면 올 것입니다.

2. 彼女なら来ない<u>はず</u>よ。
   그녀라면 안올 것입니다.

3. 四月一日ですから、来ている<u>はず</u>です。
   4월1일이니까 와 있을 겁니다.

4. 3時だからもう出発している<u>はず</u>です。
   3시부터니까 출발했을 겁니다.

5. 韓国は地震は起こらない<u>はず</u>です。
   한국은 지진이 일어나지 않을 겁니다.

6. 彼女と彼は結婚しない<u>はず</u>です。
   그녀와 그는 결혼 안할 겁니다.

7. 日曜日だから家にいる<u>はず</u>です。
   일요일이니까 집에 있을 겁니다

8. アパートを買ったと言いましたからお金はない<u>はず</u>ですけど。
   아파트 샀다고 했으니까 돈은 없을 겁니다만.

9. 彼女は日本語を勉強し始めた言いましたから時間はない<u>はず</u>ですけど。
   그녀는 일본어 공부를 시작했다니까 시간은 없을 겁니다만.

11. 今度卒業<ruby>そつぎょう</ruby>するはずだったが。
   이번에 졸업 예정이었으나.

12. 失敗<ruby>しっぱい</ruby>がなかったら買<ruby>か</ruby>うはずだったが。
   실패하지 않았다면 살 수 있었을텐데.

114. ～わけ(~것, 이유, ~것은 아니다, ~안하는 것은 아니다)

- 【わけ】의 용법을 확실히 익히자.

1. 石油<ruby>せきゆ</ruby>の値段<ruby>ねだん</ruby>が高くなるわけを説明してください。
   석유 값이 비싸지는 이유를 설명해주십시오

2. 成績<ruby>せいせき</ruby>が悪<ruby>わる</ruby>いわけはなんですか。
   성적이 나쁜 이유는 무엇인가요?

3. 彼女が来ないわけはなんですか。
   그녀가 안오는 이유는 무엇입니까?

4. 金もないのに 高い車を買ったわけは何ですか。
   돈도 없으면서 비싼차를 산 이유는 무엇인가요?

5. お金がないから恋人<ruby>こいびと</ruby>ができないわけだ。
   돈이 없으니까 애인이 없는 거다.

6. 遊んでばかりいるのだから成績が悪くなるわけだ。
   놀고만 있으니까 성적이 나쁜 것이다.

7. 一生懸命<ruby>いっしょうけんめい</ruby>働<ruby>はたら</ruby>いているからといって金持<ruby>かねも</ruby>ちになるわけではない。
   열심히 일한다고해서 부자가 되는 것은 아니다.

8. 正直<ruby>しょうじき</ruby>だといって万事<ruby>ばんじ</ruby>オッケイだというわけではない。
   정직하다해서 만사가 오케이라는 것은 아니다.

9. ねだるといって許してあげるわけではない。
조른다고해서 들어주는 것은 아니다.

10. 日本で日本語を勉強したからといって日本語が上手になるわけではない。
일본에서 일본어를 배웠다고 해서 일본어를 잘하는 것은 아니다.

11. 大学を出たからといって いい人になるわけではない。
대학을 나왔다고해서 좋은 사람이 되는 것은 아니다.

12. 付き合っているからといって結婚するわけではない。
사귄다고해서 결혼하는 것은 아니다.(안할 수도있고 할 수도 있다)

13. 明日行かないわけではない。
내일 안가는 것은 아니다(가긴 간다)

14. 彼女が行かないわけがない。(=はず)
그녀가 안갈 리가 없다.

15. そんなむずかしい歴史のこと子供にわかるわけがない。
그런 어려운 역사를 어린애가 알 리가 없다.

16. 明日試験なのに遊んでいるわけにはいかない(=遊べない、遊んでは
いけない)。
내일 시험인데 놀 수만은 없다. (못논다, 놀아서는 안된다)

17. 弟が殴られているのに黙っているわけにはいきません。
동생이 매를 맞는데 침묵할 수는 없다.

18. みんな遊んでるのに遊ばないわけにはいかない。
모두 놀고 있는데 안놀 수는 없다.

19. 米が高いからといって食べないないわけにはいかないんです。
쌀이 비싸다고 해서 안먹을 수는 없다.
　　※ 食べなければなりません　먹지않으면 안된다(ない形)

食べないわけにはいかない

안 먹을 수는 없다(먹어야한다)(ない形)...먹어야 사니까

食べずにはいられない

안 먹고는 배길 수 없다(ない形)...너무 맛있어 보여서

食べざるをえない

안 먹을 수 없다(ない形)...먹을게 없을땐 풀뿌리라도 안 먹을 수 없다.

食べるべきだ

먹어야한다, 먹어야할 것이다(辞書形)...야채등도 골고루...

20. 泥棒にとって3階の窓から侵入するぐらいことわけないことだ。
    도둑에게 있어 3층 창문에서 침입하는 것은 문제도 안된다.

21. 日本語の形式名詞の使い方はなにがなんだかわけがわかりません。
    일본어 형식명사 사용법은 뭐가 뭔지 모르겠다.

---

115. ~わりに(~에 비해서, ~치고는)

* その店は田舎のレストランのわりに、なかなかしゃれている。

그 가게는 시골 레스토랑 치고는 꽤 멋지다.

116. ~をきっかけに(~을 기회로, 계기로)

* 先月の旅行をきっかけに毎月一度旅行することにした。
지난달 여행을 계기로 매월 한번 여행하기로 했다.

117. ~を契機に ＜契機として、契機にして＞(~을 계기로)

* 株の暴落を契機に二度と株は買わないことにした。

주식 폭락을 계기로 두 번 다시 주식은 안사기로 했다.

118. ~を込めて(~을 담아, ~을 기울여)

* 愛情を込めて彼のために料理を作った。
  애정을 담아 그를 위해 요리를 했다.

119. ~を中心に(~을 중심으로)

* ソウルを中心に東西南北に新都市が建設された。
  서울을 중심으로 동서남북에 신도시가 건설되었다.

120. ~を通じて ＜通して＞(~을 통해)

* テレビのニュースを通じて分かった。
  텔레비전 뉴스를 통해 알았다.

121. ~を問わず(~을 불문하고)

* 性別を問わず楽しめます。
  성별을 불문하고 즐길 수 있다.

122. ~をはじめ(~을 비롯하여)

* お母さんをはじめ、みなさんにもよろしくお願いします。
  어머니를 비롯하여 여러분들에게 안부 전합니다.

123. ~をめぐって(~을 둘러싸고)

* 新しく発見された古墳をめぐって様々な意見が飛び交っている。
  새롭게 발견된 고분을 둘러싸고 다양한 의견이 교환되었다.

정 답

1. 실전문제

【1급문제】

· 제1회

<1>

(1) 4	(2) 2	(3) 1	(4) 3	(5) 1
(6) 4	(7) 3	(8) 2	(9) 2	(10) 1
(11) 4	(12) 4	(13) 3	(14) 1	(15) 3
(16) 3	(17) 4	(18) 3	(19) 2	(20) 2

<2>

(1) 3	(2) 4	(3) 3	(4) 1	(5) 2
(6) 3	(7) 2	(8) 2	(9) 3	(10) 4

<3>

(1) 1	(2) 2	(3) 2	(4) 4	(5) 4	(6) 1

· 제2회

<1>

(1) 3	(2) 2	(3) 4	(4) 3	(5) 1
(6) 4	(7) 3	(8) 2	(9) 2	(10) 4
(11) 4	(12) 4	(13) 2	(14) 1	(15) 3
(16) 2	(17) 3	(18) 4	(19) 2	(20) 3

<2>

(1) 3	(2) 4	(3) 4	(4) 1	(5) 2
(6) 3	(7) 4	(8) 2	(9) 1	(10) 4

<3>

(1) 1	(2) 3	(3) 2	(4) 3	(5) 3	(6) 4

- 제3회

<1>

(1) 3	(2) 4	(3) 3	(4) 4	(5) 1
(6) 4	(7) 4	(8) 4	(9) 2	(10) 2
(11) 2	(12) 3	(13) 3	(14) 1	(15) 3
(16) 4	(17) 1	(18) 3	(19) 2	(20) 2

<2>

(1) 2	(2) 4	(3) 4	(4) 1	(5) 2
(6) 3	(7) 1	(8) 2	(9) 3	(10) 4

<3>

(1) 4	(2) 3	(3) 2	(4) 3	(5) 4	(6) 2

- 제4회

<1>

(1) 2	(2) 2	(3) 4	(4) 2	(5) 3
(6) 4	(7) 2	(8) 2	(9) 4	(10) 2
(11) 2	(12) 2	(13) 4	(14) 1	(15) 3
(16) 4	(17) 4	(18) 4	(19) 2	(20) 1

<2>

(1) 3	(2) 2	(3) 4	(4) 2	(5) 2
(6) 3	(7) 2	(8) 2	(9) 1	(10) 4

<3>

(1) 4	(2) 3	(3) 2	(4) 2	(5) 4	(6) 1

- 제5회

<1>

(1) 2	(2) 4	(3) 3	(4) 1	(5) 1
(6) 1	(7) 4	(8) 2	(9) 4	(10) 4
(11) 1	(12) 1	(13) 2	(14) 3	(15) 4
(16) 1	(17) 1	(18) 3	(19) 4	(20) 1

<2>

(1) 4	(2) 3	(3) 2	(4) 3	(5) 1
(6) 3	(7) 3	(8) 2	(9) 1	(10) 2

<3>

(1) 4	(2) 2	(3) 2	(4) 2	(5) 1	(6) 1

【2급문제】

・ 제1회

<1>

(1)	2	(2)	4	(3)	1	(4)	4	(5)	1
(6)	1	(7)	3	(8)	3	(9)	4	(10)	1
(11)	3	(12)	1	(13)	3	(14)	1	(15)	3
(16)	1	(17)	3	(18)	3	(19)	4	(20)	2

<2>

(1)	4	(2)	2	(3)	3	(4)	2	(5)	3
(6)	2	(7)	4	(8)	4	(9)	2	(10)	2

<3>

(1) 1	(2) 1	(3) 2	(4) 2	(5) 2	(6) 4

・ 제2회

<1>

(1)	4	(2)	3	(3)	1	(4)	2	(5)	2
(6)	1	(7)	4	(8)	4	(9)	1	(10)	1
(11)	4	(12)	1	(13)	2	(14)	3	(15)	3
(16)	4	(17)	2	(18)	4	(19)	4	(20)	3

<2>

(1)	1	(2)	2	(3)	4	(4)	3	(5)	3
(6)	3	(7)	1	(8)	4	(9)	4	(10)	2

<3>

(1) 3	(2) 4	(3) 3	(4) 4	(5) 2	(6) 2

・ 제3회

<1>

(1)	2	(2)	1	(3)	3	(4)	1	(5)	4
(6)	4	(7)	1	(8)	3	(9)	3	(10)	3
(11)	2	(12)	3	(13)	4	(14)	3	(15)	1
(16)	3	(17)	1	(18)	1	(19)	3	(20)	4

<2>

(1)	1	(2)	2	(3)	4	(4)	2	(5)	1
(6)	1	(7)	1	(8)	4	(9)	4	(10)	2

<3>

    (1) 4   (2) 3   (3) 3   (4) 2   (5) 4   (6) 1

【3급문제】

▪ 제1회

| (1) 3 | (2) 4 | (3) 1 | (4) 2 | (5) 4 |
| (6) 1 | (7) 1 | (8) 4 | (9) 1 | (10) 3 |

▪ 제2회

| (1) 4 | (2) 2 | (3) 1 | (4) 3 | (5) 2 |
| (6) 2 | (7) 3 | (8) 3 | (9) 3 | (10) 2 |

▪ 제3회

| (1) 4 | (2) 3 | (3) 1 | (4) 3 | (5) 1 |
| (6) 2 | (7) 1 | (8) 2 | (9) 3 | (10) 1 |

▪ 제4회

| (1) 2 | (2) 4 | (3) 3 | (4) 1 | (5) 2 |
| (6) 1 | (7) 4 | (8) 2 | (9) 4 | (10) 4 |

▪ 제5회

| (1) 2 | (2) 3 | (3) 3 | (4) 2 | (5) 4 |
| (6) 2 | (7) 3 | (8) 1 | (9) 1 | (10) 3 |

2. 어휘·문자 연습 정답

1) 1급 시험에 잘나오는 동사 120개 (1)

	単語	よみがな	意味		単語	よみがな	意味
1	改める	あらためる	고치다	21	侮る	あなどる	깔보다
2	奏でる	かなでる	연주하다	22	湿る	しめる	축축해지다
3	秀でる	ひいでる	뛰어나다	23	著す	あらわす	저술하다
4	提げる	さげる	손에들다	24	犯す	おかす	범하다
5	妨げる	さまたげる	방해하다	25	浸す	ひたす	담그다
6	企てる	くわだてる	꾀하다	26	催す	もよおす	개최하다
7	隔てる	へだてる	사이에두다	27	施す	ほどこす	베풀다
8	免れる	まぬかれる	면하다	28	耕す	たがやす	경작하다
9	育む	はぐくむ	육성하다	29	促す	うながす	촉진하다
10	慰める	なぐさめる	위로하다	30	放す	はなす	놓다
11	占める	しめる	차지하다	31	志す	こころざす	지망하다
12	覚める	さめる	잠이깨다	32	兆す	きざす	징조가보이다
13	承る	うけたまわる	삼가듣다	33	唆す	そそのかす	꼬드기다
14	怠る	おこたる	게을리하다	34	侵す	おかす	침범하다
15	陥る	おちいる	빠지다	35	覆る	くつがえる	뒤집히다
16	滞る	とどこおる	밀리다	36	余る	あまる	남다
17	連なる	つらなる	줄지어있다	37	養う	やしなう	양육하다
18	迫る	せまる	강요하다	38	保つ	たもつ	유지하다
19	募る	つのる	모집하다	39	練る	ねる	다듬다
20	焦る	あせる	초조해하다	40	茂る	しげる	무성하다

	単語	よみがな	意味		単語	よみがな	意味
41	営む	いとなむ	운영하다	61	慎む	つつしむ	삼가다
42	背ける	そむける	외면하다	62	拒む	こばむ	거부하다
43	設ける	もうける	설치하다	63	潜む	ひそむ	숨다
44	怠ける	なまける	게으르다	64	臨む	のぞむ	임하다
45	用いる	もちいる	이용하다	65	報いる	むくいる	보답하다
46	強いる	しいる	강요하다	66	占う	うらなう	점치다
47	費やす	ついやす	소비하다	67	導く	みちびく	인도하다
48	卸す	おろす	도매하다	68	率いる	ひきいる	인솔하다
49	試す	ためす	시험하다	69	顧みる	かえりみる	회고하다
50	記す	しるす	기록하다	70	抑える	おさえる	억제하다
51	肥やす	こやす	살찌우다	71	備える	そなえる	대비하다
52	裁く	さばく	심판하다	72	訴える	うったえる	호소하다
53	欺く	あざむく	기만하다	73	衰える	おとろえる	쇠약해지다
54	赴く	おもむく	~향하다	74	鍛える	きたえる	단련하다
55	省く	はぶく	생략하다	75	凍える	こごえる	얼어붙다
56	築く	きずく	쌓다	76	蓄える	たくわえる	저축하다
57	乾く	かわく	마르다	77	携える	たずさえる	휴대하다
58	担ぐ	かつぐ	메다	78	欠ける	かける	결여되다
59	稼ぐ	かせぐ	벌다	79	装う	よそおう	치장하다
60	防ぐ	ふせぐ	막다	80	狙う	ねらう	노리다

	単語	よみがな	意味		単語	よみがな	意味
81	滴る	したたる	떨어지다	101	償う	つぐなう	보상하다
82	誤る	あやまる	실수하다	102	繕う	つくろう	꿰매다
83	断る	ことわる	거절하다	103	叱る	しかる	혼내다
84	障る	さわる	지장이있다	104	剃る	そる	깎다
85	異なる	ことなる	다르다	105	揃える	そろえる	갖추다
86	被る	こうむる	입다.받다	106	溜る	たまる	쌓이다
87	偽る	いつわる	속이다	107	呟く	つぶやく	투덜거리다
88	操る	あやつる	조종하다	108	撫でる	なでる	쓰다듬다
89	奪う	うばう	빼앗다	109	濡れる	ぬれる	젖다
90	倣う	ならう	따르다	110	睨む	にらむ	노려보다
91	担う	になう	짊어지다	111	覗く	のぞく	엿보다
92	培う	つちかう	배양하다	112	呪う	のろう	저주하다
93	競う	きそう	겨루다	113	這う	はう	기어가다
94	損なう	そこなう	해치다	114	腫れる	はれる	붓다
95	伴う	ともなう	수반하다	115	吠える	ほえる	짖다
96	疑う	うたがう	의심하다	116	蒔く	まく	씨뿌리다
97	失う	うしなう	잃다	117	貰う	もらう	받다
98	補う	おぎなう	보충하다	118	蘇る	よみがえる	소생하다
99	潤う	うるおう	촉촉하다	119	蹴る	ける	발로 차다
100	漂う	ただよう	떠돌다	120	憧れる	あこがれる	동경하다

2) 1급 시험에 잘나오는 형용사 40개

	単語	よみがな	意味		単語	よみがな	意味
1	険しい	けわしい	험하다	21	紛らわしい	まぎらわしい	헷갈리다
2	鈍い	にぶい	둔하다	22	煩わしい	わずらわしい	번거롭다
3	鋭い	するどい	날카롭다	23	瑞瑞しい	みずみずしい	싱싱하다
4	羨ましい	うらやましい	부럽다	24	甚だしい	はなはだしい	대단하다
5	等しい	ひとしい	똑같다	25	夥しい	おびただしい	엄청나다
6	貧しい	まずしい	가난하다	26	喧しい	やかましい	시끄럽다
7	快い	こころよい	기분좋다	27	悩ましい	なやましい	고통스럽다
8	著しい	いちじるしい	현저하다	28	眩しい	まぶしい	눈부시다
9	潔い	いさぎよい	깨끗하다	29	煙たい	けむたい	거북하다
10	乏しい	とぼしい	모자라다	30	細かい	こまかい	잘다
11	望ましい	のぞましい	바람직하다	31	浅ましい	あさましい	비열하다
12	相応しい	ふさわしい	어울리다	32	脆い	もろい	무르다
13	待遠しい	まちどおしい	기다려지다	33	清々しい	すがすがしい	상쾌하다
14	目覚ましい	めざましい	훌륭하다	34	図々しい	ずうずうしい	뻔뻔스럽다
15	逞しい	たくましい	힘차다	35	見苦しい	みぐるしい	보기흉하다
16	嫌らしい	いやらしい	불쾌감이들다	36	華々しい	はなばなしい	화려하다
17	好ましい	このましい	바람직하다	37	悪どい	あくどい	악랄하다
18	馴れ馴れしい	なれなれしい	친한척하다	38	渋い	しぶい	떫다
19	心細い	こころぼそい	불안하다	39	緩い	めるい	느슨하다
20	久しい	ひさしい	오래되다	40	若々しい	わかわかしい	젊디젊다

• 1급 시험에 잘나오는 형용동사 40개

	単語	よみがな	意味		単語	よみがな	意味
1	滑らかだ	なめらかだ	순조롭다	21	新ただ	あらただ	새롭다
2	盛んだ	さかんだ	번성하다	22	惨めだ	みじめだ	비참하다
3	愚かだ	おろかだ	어리석다	23	柔らかだ	やわらかだ	부드럽다
4	細やかだ	こまやかだ	세밀하다	24	巧みだ	たくみだ	능란하다
5	清らかだ	きよらかだ	맑다	25	猛烈だ	もうれつだ	맹렬하다
6	爽やかだ	さわやかだ	상쾌하다	26	大胆だ	だいたんだ	대담하다
7	和やかだ	なごやかだ	부드럽다	27	長閑かだ	のどかだ	한가하다
8	緩やかだ	ゆるやかだ	완만하다	28	流暢だ	りゅうちょうだ	유창하다
9	疎かだ	おろそかだ	소홀하다	29	賑やかだ	にぎやかだ	번화하다
10	鮮やかだ	あざやかだ	선명하다	30	稀だ	まれだ	드물다
11	微かだ	かすかだ	희미하다	31	無茶だ	むちゃだ	당치않다
12	明らかだ	あきらかだ	분명하다	32	臆病だ	おくびょうだ	겁이많다
13	哀れだ	あわれだ	가련하다	33	手頃だ	てごろだ	걸맞다
14	穏やかだ	おだやかだ	온화하다	34	素直だ	すなおだ	순진하다
15	軽やかだ	かろやかだ	가뿐하다	35	自分勝手だ	じぶんかってだ	제멋대로다
16	速やかだ	すみやかだ	신속하다	36	器量だ	きりょうだ	재능이뛰어나다
17	朗らかだ	ほがらかだ	명랑하다	37	無駄だ	むだだ	쓸데없다
18	確かだ	たしかだ	확실하다	38	不気味だ	ぶきみだ	불안하다
19	平らかだ	たいらかだ	평평하다	39	結構だ	けっこうだ	충분하다
20	健やかだ	すこやかだ	건강하다	40	下品だ	げひんだ	품위없다

3) 비슷한 발음 명사 300개

<제1회>
　　① 土壌(토양　どじょう　　　　　) - 同乗(동승　どうじょう　　　)
　　② 夕刊(석간　ゆうかん　　　　　) - 予感(예감　よかん　　　　　)
　　③ 陰性(음성　いんせい　　　　　) - 印象(인상　いんしょう　　　)
　　④ 事件(사건　じけん　　　　　　) - 実験(실험　じっけん　　　　)
　　⑤ 会見(회견　かいけん　　　　　) - 経験(경험　けいけん　　　　)
　　⑥ 会長(회장　かいじょう　　　　) - 改造(개조　かいぞう　　　　)
　　⑦ 海水(해수　かいすい　　　　　) - 回数(회수　かいしゅう　　　)
　　⑧ 改修(개수　かいしゅう　　　　) - 解消(해소　かいしょう　　　)
　　⑨ 開業(개업　かいぎょう　　　　) - 概況(개황　がいきょう　　　)
　　⑩ 海流(해류　かいりゅう　　　　) - 改良(개량　かいりょう　　　)

<제2회>
　　① 吸収(흡수　きゅしゅう　　　　　　) - 救出(구출　きゅうしゅつ　　　　)
　　② 司法(사법　しほう　　　　　　　　) - 志望(지망　しぼう　　　　　　)
　　④ 高校(고교　こうこう　　　　　　　) - 航空(항공　こうくう　　　　　)
　　⑤ 取得(취득　しゅとく　　　　　　　) - 習得(습득　しゅうとく　　　　)
　　⑥ 終了(종료　しゅうりょう　　　　　) - 少量(소량　しょうりょう　　　)
　　⑦ 国家(국가　こっか　　　　　　　　) - 効果(효과　こうか　　　　　　)
　　⑧ 教科書(교과서　きょうかしょ　　　) - 許可証(허가증　きょかしょ　　)
　　⑨ 代価(대가　だいか　　　　　　　　) - 退化(퇴화　たいか　　　　　　)
　　⑩ 避難(피난　ひなん　　　　　　　　) - 美男(미남　びなん　　　　　　)

<제3회>
　　① 合格(합격　ごうかく　　　　　) - 語学(어학　ごがく　　　　　)
　　② 呼吸(호흡　こきゅう　　　　　) - 故郷(고향　こきょう　　　　)
　　③ 視線(시선　しせん　　　　　　) - 自然(자연　しぜん　　　　　)
　　④ 地球(지구　ちきゅう　　　　　) - 支給(지급　しきゅう　　　　)
　　⑤ 採算(채산　さいさん　　　　　) - 精算(정산　せいさん　　　　)
　　⑥ 漢方(한방　かんぽう　　　　　) - 願望(원망　がんぼう　　　　)
　　⑦ 候補(후보　こうほ　　　　　　) - 広報(광보　こうほう　　　　)
　　⑧ 充電(충전　じゅうでん　　　　) - 重点(중점　じゅうてん　　　)
　　⑨ 惰性(타성　だせい　　　　　　) - 耐性(내성　たいせい　　　　)
　　⑩ 相乗(상승　そうじょう　　　　) - 想像(상상　そうぞう　　　　)

<제4회>
　　① 吸収(흡수　きゅうしゅう　　　) - 救出(구출　きゅしゅつ　　　　)
　　② 四方(사방　しほう　　　　　　) - 死亡(사망　しぼう　　　　　)
　　③ 意志(의지　いし　　　　　　　) - 維持(유지　いじ　　　　　　)
　　④ 技師(기사　ぎし　　　　　　　) - 記事(기사　きじ　　　　　　)

182

⑤ 祖母(조모　そぼ　　　　　) － 初歩(초보　しょほ　　　　)
⑥ 主語(주어　しゅご　　　　) － 集合(집합　しゅうごう　　)
⑦ 国旗(국가　こっき　　　　) － 古稀(고희　こき　　　　　)
⑧ 駆使(구사　くし　　　　　) － 腰(요　こし　　　　　　　)
⑨ 角度(각도　かくど　　　　) － 格闘(격투　かくとう　　　)
⑩ 帽子(모자　ぼうし　　　　) － 法師(법사　ほうし　　　　)

<第5回>
① 苦情(고정　くじょう　　　) － 苦笑(고소　くしょう　　　)
② 教養(교양　きょうよう　　) － 共有(공유　きょうゆう　　)
③ 就学(취학　しゅうがく　　) － 収穫(수확　しゅうかく　　)
④ 構造(구조　こうぞう　　　) － 工場(공장　こうじょう　　)
⑤ 登山(등산　とざん　　　　) － 倒産(도산　とうさん　　　)
⑥ 正解(정해　せいかい　　　) － 整形(정형　せいけい　　　)
⑦ 固体(고체　こたい　　　　) － 交代(교대　こうたい　　　)
⑧ 古代(고대　こだい　　　　) － 固定(고정　こてい　　　　)
⑨ 絹糸(견사　けんし　　　　) － 原子(원자　げんし　　　　)
⑩ 銀糸(은사　ぎんし　　　　) － 禁止(금지　きんし　　　　)

<第6回>
① 進行(진행　しんこう　　　) － 信号(신호　しんごう　　　)
② 親愛(친애　しんあい　　　) － 新案(신안　しんあん　　　)
③ 実態(실태　じったい　　　) － 辞退(사퇴　じたい　　　　)
④ 握手(악수　あくしゅ　　　) － 悪臭(악취　あくしゅう　　)
⑤ 一周(일주　いっしゅう　　) － 一種(일종　いっしゅ　　　)
⑥ 価値(가치　かち　　　　　) － 火事(화사(불)　かじ　　　)
⑦ 開国(개국　かいこく　　　) － 警告(경고　けいこく　　　)
⑧ 困難(곤난　こんなん　　　) － 混乱(곤란　こんらん　　　)
⑨ 先進(선진　せんしん　　　) － 前進(전진　ぜんしん　　　)
⑩ 性格(성격　せいかく　　　) － 声楽(성악　せいがく　　　)

<第7回>
① 辞典(사전　じてん　　　　) － 自転(자전　じでん　　　　)
② 字数(자수　じすう　　　　) － 指数(지수　しすう　　　　)
③ 思想(사상　しそう　　　　) － 市場(시장　しじょう　　　)
④ 孤独(고독　こどく　　　　) － 講読(강독　こうどく　　　)
⑤ 課長(과장　かちょう　　　) － 好調(호조　こうちょう　　)
⑥ 強盗(강도　ごうとう　　　) － 行動(행동　こうどう　　　)
⑦ 純情(순정　じゅんじょう　) － 順調(순조　じゅんちょう　)
⑧ 出願(출원　しゅつがん　　) － 習慣(습관　しゅうかん　　)
⑨ 自明(자명　じめい　　　　) － 氏名(씨명　しめい　　　　)
⑩ 正字(정자　せいじ　　　　) － 生死(생사　せいし　　　　)

<第8회>
　① 主題(주제　しゅだい　　　　　) － 主体(주체　しゅたい　　　　)
　② 受動(수동　じゅどう　　　　　) － 柔道(유도　じゅうどう　　　)
　③ 紹介(소개　しょうかい　　　　) － 生涯(생애　しょうがい　　　)
　④ 少女(소녀　しょうじょ　　　　) － 症状(증상　しょうじょう　　)
　⑤ 偽造(위조　ぎぞう　　　　　　) － 偽装(위장　ぎそう　　　　　)
　⑥ 議席(의석　ぎせき　　　　　　) － 奇跡(기적　きせき　　　　　)
　⑦ 極端(극단　きょくたん　　　　) － 驚嘆(경탄　きょうたん　　　)
　⑧ 部下(부하　ぶか　　　　　　　) － 物価(물가　ぶっか　　　　　)
　⑨ 清掃(청소　せいそう　　　　　) － 聖書(성서　せいしょ　　　　)
　⑩ 証明(증명　しょうめい　　　　) － 聡明(총명　そうめい　　　　)

<제9회>
　① 需要(수요　じゅよう　　　　　) － 重要(중요　じゅうよう　　　)
　② 急性(급성　きゅうせい　　　　) － 救済(구제　きゅうさい　　　)
　③ 滑走(활주　かっそう　　　　　) － 仮装(가장　かそう　　　　　)
　④ 干渉(간섭　かんしょう　　　　) － 観衆(관중　かんしゅう　　　)
　⑤ 乾燥(건조　かんそう　　　　　) － 簡素(간소　かんそ　　　　　)
　⑥ 勧誘(권유　かんゆう　　　　　) － 慣用(관용　かんよう　　　　)
　⑦ 後悔(후회　こうかい　　　　　) － 誤解(오해　ごかい　　　　　)
　⑧ 厳密(엄밀　げんみつ　　　　　) － 幻滅(환멸　げんめつ　　　　)
　⑨ 方策(방책　ほうさく　　　　　) － 不作(불작　ふさく　　　　　)
　⑩ 有事(유사　ゆうじ　　　　　　) － 融資(융자　ゆうし　　　　　)

<제10회>
　① 悪用(악용　あくよう　　　　　　　) － 悪友(악우　あくゆう　　　　　　)
　② 委任(위임　いにん　　　　　　　　) － 委員(위원　いいん　　　　　　　)
　③ 違反(위반　いはん　　　　　　　　) － 違法(위법　いほう　　　　　　　)
　④ 握力(악력(쥐는힘)　あくりょく　) － 圧力(압력　あつりょく　　　　)
　⑤ 移転(이전　いてん　　　　　　　　) － 遺伝(유전　いでん　　　　　　　)
　⑥ 偉大(위대　いだい　　　　　　　　) － 遺体(유체(시체)　いたい　　　)
　⑦ 安静(안정　あんせい　　　　　　　) － 安全(안전　あんぜん　　　　　　)
　⑧ 安置(안치　あんち　　　　　　　　) － 暗示(암시　あんじ　　　　　　　)
　⑨ 夫妻(부처　ふさい　　　　　　　　) － 風災(풍재　ふうさい　　　　　　)
　⑩ 保管(보관　ほかん　　　　　　　　) － 法官(법관　ほうかん　　　　　　)

<제11회>
　① 異状(이상　いじょう　　　　　　) － 移住(이주　いじゅ　　　　　　)
　② 一定(일정　いってい　　　　　　) － 一帯(일대　いったい　　　　　)
　③ 意図(의도　いと　　　　　　　　) － 移動(이동　いどう　　　　　　)
　④ 運用(운용　うんよう　　　　　　) － 運輸(운수　うんゆ　　　　　　)
　⑤ 映像(영상　えいぞう　　　　　　) － 永住(영주　えいじゅう　　　　)
　⑥ 演技(연기　えんぎ　　　　　　　) － 延期(연기　えんき　　　　　　)

⑦　援助(원조　えんじょ　　　　）－　延長(연장　えんちょう　　　）
⑧　温泉(온천　おんせん　　　　）－　音声(음성　おんせい　　　）
⑨　最新(최신　さいしん　　　　）－　才人(재인　さいじん　　　）
⑩　中世(중세　ちゅうせい　　　）－　調整(조정　ちょうせい　　）

<제12회>
①　簡単(간단　かんたん　　　　）－　元旦(원단　がんたん　　　）
②　危険(위험　きけん　　　　　）－　期限(기한　きげん　　　　）
③　時間(시간　じかん　　　　　）－　実感(실감　じっかん　　　）
④　給与(급여　きゅうよ　　　　）－　休養(휴양　きゅうよう　　）
⑤　金庫(금고　きんこ　　　　　）－　銀行(은행　ぎんこう　　　）
⑥　交渉(교섭　こうしょう　　　）－　故障(고장　こしょう　　　）
⑦　経営(경영　けいえい　　　　）－　敬遠(경원　けいえん　　　）
⑧　交流(교류　こうりゅう　　　）－　合流(합류　ごうりゅう　　）
⑨　捜査(조사　そうさ　　　　　）－　捜索(수색　そうさく　　　）
⑩　正気(정기　しょうき　　　　）－　蒸気(증기　じょうき　　　）

<제13회>
①　価格(가격　かかく　　　　　）－　科学(과학　かがく　　　　）
②　外貨(외화　がいか　　　　　）－　開化(개화　かいか　　　　）
③　看護(간호　かんご　　　　　）－　頑固(완고　がんこ　　　　）
④　下降(하강　かこう　　　　　）－　化合(화합　かごう　　　　）
⑤　菓子(과자　かし　　　　　　）－　餓死(아사　がし　　　　　）
⑥　合唱(합창　がっしょう　　　）－　合奏(합주　がっそう　　　）
⑦　活動(활동　かつどう　　　　）－　格闘(격투　かくと　　　　）
⑧　価値(가치　かち　　　　　　）－　合致(합치　がっち　　　　）
⑨　施設(시설　しせつ　　　　　）－　時節(시절　じせつ　　　　）
⑩　受領(수령　ずりょう　　　　）－　推量(추량　すいりょう　　）

<제14회>
①　解雇(해고　かいこ　　　　　）－　介護(개호　かいご　　　　　）
②　過去(과거　かこ　　　　　　）－　加工(가공　かこう　　　　　）
③　過小(과소　かしょう　　　　）－　過剰(과승　かじょう　　　　）
④　現象(현상　げんぞう　　　　）－　現状(현상　げんじょう　　　）
⑤　決行(결행　けっこう　　　　）－　結合(결합　けつごう　　　　）
⑥　残忍(잔인　ざんにん　　　　）－　残念(잔념(유감)　ざんねん　　）
⑦　還元(환원　かんげん　　　　）－　歓迎(환영　かんげい　　　　）
⑧　環境(환경　かんきょう　　　）－　頑強(완강　がんきょう　　　）
⑨　措置(조치　そち　　　　　　）－　処置(처치　しょち　　　　　）
⑩　接待(접대　せったい　　　　）－　絶対(절대　ぜったい　　　　）

① 発見(발견　はっけん　　　　　) － 派遣(파견　はけん　　　　　　)
② 訂正(정정　ていせい　　　　　) － 提唱(제창　ていしょう　　　　)
③ 定住(정주　ていじゅう　　　　) － 定収(정수　ていしゅう　　　　)
④ 統制(통제　とうせい　　　　　) － 同姓(동성　どうせい　　　　　)
⑤ 精神(정신　せいしん　　　　　) － 成人(성인　せいじん　　　　　)
⑥ 倉庫(창고　そうこ　　　　　　) － 総合(종합　そうごう　　　　　)
⑦ 模倣(모방　もほう　　　　　　) － 模範(모범　もはん　　　　　　)
⑧ 方向(방향　ほうこう　　　　　) － 宝庫(보고　ほうこ　　　　　　)
⑨ 内蔵(내장　ないぞう　　　　　) － 内情(내정　ないじょう　　　　)
⑩ 良好(양호　りょうこう　　　　) － 旅行(여행　りょこう　　　　　)

▪ 저자 이윤옥

· 한국외국어대학교 일본어과 졸업
· 한국외국어대학교 교육대학원 일본어교육과 졸업
· 한국외국어대학교 대학원 박사과정 수료
· 일본 와세다대학 객원연구원
· 경희대, 명지대, 외대 강사
· 현) 명지전문대학 일본어과 초빙교수
      한국외대 연수평가원 교수

강의용

일본어능력시험 1 · 2 · 3급 대비

초판인쇄 2007년 2월 14일
초판발행 2007년 2월 27일

저자· 이윤옥
발행· 제이앤씨
등록· 제7-220호
TEL · (02)992-3253
FAX· (02)991-1285
E-mail · jncbook@hanmail.net
URL · http://www.jncbook.co.kr
132-040 서울시 도봉구 창동 624-1 북한산 현대홈시티 102-1206

ⓒ 이윤옥 2007 All rights reserved. Printed in KOREA

ISBN 978-89-5668-476-5 03730   정가 9,500원